소⑨통, 경청과 배려가 답이다

소통, 경청과 배려가 답이다

발행일   2016년 5월 6일

지은이   선 태 유
펴낸이   손 형 국
펴낸곳   (주)북랩
편집인   선일영   편집   김향인, 서대종, 권유선, 김예지
디자인   이현수, 신혜림, 윤미리내, 임혜수   제작   박기성, 황동현, 구성우
마케팅   김회란, 박진관, 김아름
출판등록 2004. 12. 1(제2012-000051호)
주소   서울시 금천구 가산디지털 1로 168, 우림라이온스밸리 B동 B113, 114호
홈페이지   www.book.co.kr
전화번호   (02)2026-5777   팩스   (02)2026-5747

ISBN   979-11-5987-030-9 03320(종이책)   979-11-5987-031-6 05320(전자책)

이 도서의 국립중앙도서관 출판예정도서목록(CIP)은 서지정보유통지원시스템 홈페이지(http://seoji.nl.go.kr)와
국가자료공동목록시스템(http://www.nl.go.kr/kolisnet)에서 이용하실 수 있습니다.
(CIP제어번호 : CIP2016010940)

성공한 사람들은 예외없이 기개가 남다르다고 합니다.
어려움에도 꺾이지 않았던 당신의 의기를 책에 담아보지 않으시렵니까?
책으로 펴내고 싶은 원고를 메일(book@book.co.kr)로 보내주세요.
성공출판의 파트너 북랩이 함께하겠습니다.

등 돌린 상대도 내 편으로 만드는 위대한 소통의 힘

소 통,

경청과

배려가

답이다

선태유 지음

북랩 book Lab

소통이 능력이다

오늘날 우리 사회에서 가장 화두가 되는 말은 '소통疏通'일 것이다. 이 '소통'이라는 말이 화두가 되고 있는 것은 역설적이게도 우리 사회에서 보이는 대부분의 모습이 소통과는 거리가 멀어 보이기 때문이다. 가까이는 가족, 부모와 자식 관계만 봐도 소통과 거리가 멀다. 부모와 자식 간의 관계라도 살아온 시대와 환경은 다를 수밖에 없다. 그런데 부모는 부모의 관점에서만 자녀를 대하게 되고 자녀들은 자녀들의 관점에서 부모가 자신을 이해하지 못한다고 생각한다. 이러한 갈등이 해소된다면 다행이지만 그렇지 않은 상태로 계속되다 보면 불통으로 이어진다.

이는 가정 내에서뿐만 아니라 직장 내 상사와 부하의 관계에서도 마찬가지다. 상사는 자신이 지나온 시절을 회상하며 현재 부하 직원들의 생각을 이해하지 못한다. 부하 직원은 부하 직원대로 상사가 시대의 변화에 대처하지 못하고 '요즘 시대가 어느 시대인데 예전처럼 하느냐'고 생각하는 경우가 많다. 일례로 50대 이상의 세대라면 스승이나 어른의 말이라면 무조건 따르고 보지만 요즘 세대들은 어른들 앞이라도 자신의 의견을 과감하게 말하는 경우가 있다. 이때 상사의 입장에서는 부하 직원이 버릇없다고 생각하고 부하 직원은 부하 직원대로 상사가 앞뒤가 꽉 막혀서 대화가 안 통한다고 할 것이다. 이것이 대화로 해결이 되면 다행이지만 지속되면 결국은 불통이 되고 만다.

'불통不通'이라 함은 '다른 사람의 생각이나 견해 따위를 이해하거나 받아들이지 못한다'라는 사전적인 뜻을 가지고 있다. 지금 우리 사회는 사전적인 뜻대로 타인의 견해나 생각을 이해하거나 받아들이려 하지 않고 오직 내 생각만이 전적으로 옳고 내 생각대로 일이 진행되어야 한다는 생각이 팽배해 있다.

이런 생각을 우리 사회의 모든 구성원이 가진다고 생각해보자. 과연 어떤 일이 일어나겠는가? 아마도 상대에 대한 반목과 불신의 벽이 높아져 곳곳에서 많은 갈등만이 일어날 것이다. 이렇게 되면 우리 사회가 제대로 돌아가지 않으리라는 것은 불 보듯 뻔하다.

그렇기에 오늘날 우리 사회가 건강하게 제대로 돌아가기 위해서 가장 중요한 것이 '소통'이다. 소통은 '의견이나 의사 따위가 남에게 잘 통한다'는 사전적인 뜻을 가지고 있다. 여기서의 사전적인 뜻은 일방적으로 내 의견이나 의사가 상대에게 잘 통하는 것이 아니라 나와 상대의 의사가 서로 잘 통한다는 것이다. 다시 말하면 서로가 의견을 존중해 주는 상황에서 최선의 결론을 추구한다는 것이다. 그래서 소통이 잘되는 사회라면 오늘날 우리 사회처럼 많은 갈등이 일어나지 않을 것이다.

그렇다면 소통을 잘하기 위한 방법은 무엇일까?

애석하게도 우리는 학창시절에 소통에 대한 교육을 제대로 받지 못했다. 이유는 우리의 교육이 입시 위주의 주입식 교육을 하는 데 있다. 이 교육 방식의 특성은 한 방향으로만 교육이 이루어진다. 그래서 교사가 학생들에게 일방적으로 지식을 주입해 주는 것이 자연스러운 것이다. 여기에서의 초점은 좋은 대학교에 가는 것에만 맞춰져 있다.

또한, 입시 위주의 주입식 교육 방식에서는 '남을 밟고 올라가는 경쟁'만 배웠지, '남과 함께 화합하는 소통'이나 함께 어울려 조화롭게 살아가는 '공생'에 대해서는 배울 수가 없다. 일단 남보다 성적이 한 단계라도 높아야 좋은 대학교에 가는 데에 유리하기 때문이다. 이런 환경에서는 소통하는 방법에 대해서 제대로 배울 수가 없다. 그래서 상대와 소통할 때 무엇을 어떻게 해야 하는지에 대한 교육을 제대로 받을 기회가 주어지지 않는다.

이는 이 글을 쓰는 나도 마찬가지다. 나도 현재의 학생들처럼 학창시절 입시 위주의 교육을 받느라 소통을 잘하기 위한 어떠한 교육도 받지 못했다. 정확히 말하면 소통을 잘하는 교육을 받을 기회가 제대로 주어지지 않았다는 것이다. 그래서 나도 소통하는 데 많은 어려움을 겪었고 불통으로 상대에게 원치 않는 상처를 주는 등 오랜 시간 시행착오를 겪었던 것은 어찌 보면 지극히 자연스러운 것이었다.

그럼에도 나는 이 책을 통해 소통에 대해 이야기하고자 한다. 나는 소통을 잘하는 것이야말로 우리 사회에 팽배해 있는 갈등을 최소화하고 이른 시간 안에 최선의 결론을 추구할 수 있다는 확신이 들었기 때문이다. 또한, 불신의 장벽을 뛰어넘어 화합으로 한 걸음 더 나아가는 길이라고 생각한다. 그래서 나는 소통을 제대로 실천하고자 많은 책을 읽었고 책에서 배운 내용을 토대로 소통하는 것을 실천해 보았다. 내가 실천해보지 않고 사람들에게 권한다면 이는 다른 사람에게 사기치는 것과 다를 바가 없기 때문이다. 내가 책을 읽고 소통을 실천해 보니 어려운 것이 아니었다. 그래서 내가 했던 경험을 공유하고자 이 책을 내게 되었다.

끝으로 이 책을 통해 나는 독자들이 '소통'의 중요성을 깨닫고 소통에 한 발짝 더 다가가길 바란다. 소통이야말로 이 시대가 가장 필요로 하는 것이다.

2016년 5월
선태유

Part 3

상대의 입장에서 생각하라

Part 4 ⑨
상대방의 이야기를 경청하라

소 통 ,   경 청 과   배 려 가   답 이 다

Part 1
마음의 문을 열어라

Chapter 1

상대에게 먼저 문을 열어라

| 내가 먼저 준비가 되어 있어야 한다 |

소통하기 위해서는 무엇보다도 가장 중요한 것이 내가 먼저 상대와 소통할 준비가 되어 있어야 한다. 다시 말해 내가 먼저 상대에게 마음의 문을 여는 것이다.

흔히 우리는 소통하기 위해서 상대가 먼저 마음의 문을 열고 나에게 다가와 주기를 바라고 있다. 하지만 이는 잘못 알고 있는 것이다. 우리가 알고 있는 소통을 뜻하는 영어 단어인 'communication'의 어원은 라틴어 'communis'이고 '공유의'라는 뜻을 가지고 있다. 또한, 동양 문화권에서 쓰는 한자 '소통疏通'도 '뜻이 서로 통하여 오해가 없다'라는 뜻을 가지고 있다. 여기서 '뜻이 서로 통한다'는 말과 '공유'라는 말은 일맥상통한다.

동서양의 뜻풀이에서 보듯 소통은 나와 상대가 서로의 생각을 공유하는 것이다. 서로의 생각을 공유하려면 당연히 서로가 마음의 문을 열고 나와야 하는 것이다. 그럼에도 우리는 상대가 먼저 문을 열고 나오기를 바라고 있고 소통이 안 되는 상황에서는 상대가 문을 열지 않았다고 불평한다.

이 상황에서 우리는 상대가 문을 열기 전에 나 자신이 먼저 문을 열어야 한다는 사실을 간과하고 있다. 상대와 소통하기 위해서는 나 자신이 먼저 준비가 되어있어야 하고, 먼저 마음의 문을 열어야 한다. 내가 먼저 마음의 문을 연다면 상대도 자연스레 마음의 문을 열 수 있다. 이는 '나 자신을 변화시키는 것은 가능해도 상대를 변화시키는 것은 불가능하다'는 말과 일맥상통한다.

'열 길 물속은 알아도, 한 길 사람 속은 모른다'는 말이 있다. 이처럼 상대의 마음은 알기도 변화시키기도 어렵다. 반면 나 자신은 스스로가 잘 알기 때문에 변화시킬 수는 있다.

내가 상대방에게 마음의 문을 열 때는 진정성을 보여주어야 한다. 내가 진정으로 상대와 소통하고 싶은 마음을 보여주어야 한다는 것이다. 그렇지 않으면 마음의 문을 열지 않은 것만 못하다. 이는 1947년 미국에서 있었던 한 사건을 보면 알 수 있다.

1947년 5월 14일 신시내티 레즈의 홈구장 크로슬리 필드에서 신시내티 레즈와 브루클린 다저스(현재 LA 다저스의 전신, LA 다저스는 원래 뉴욕의 브루클린을 연고지로 탄생하였다)의 경기가 열렸다. 이 경기에서 크로슬리 필드를 찾은 관중들은 상대 다저스의 한 선수에게 집중적인 야유를 퍼부었다. 그 대상은 다른 메이저 리그 선수와 피부색이 다른 흑인 선수인 1루수 재키 로빈슨(Jackie Roosevelt Robinson)이었다. 그는 메이저 리그 최초의 흑인 선수 – 엄밀히 말하면 20세기 최초의 흑인 선수이다. 19세기에는 메이저 리그에 흑인 선수 있었다 – 이다.

이날 다저스의 수비 상황에서 다저스의 주장이자 유격수인 피 위 리스(Pee Wee Reese)가 – 피 위 리스는 당연히 백인이다 – 재키 로빈슨에게 다가와 글러브를 벗고 로빈슨의 어깨에 손을 얹으며 몇 마디 말을 했고 둘은 이내 웃음을 지었다. 바로 이때 크로슬리 필드의 관중석은 조용해졌다. 이것이 미국 내에서 백인과 흑인이 친구가 될 수 있다는 신호이자 인종의 벽이 허물어지고 있다는 신호였다(물론 미국에서 인종의 벽이 완전히 허물어진 것은 아니다).

그렇다면 왜 흑인인 재키 로빈슨이 자신에게 다가온 피 위 리스와 함께 웃음을 지었을까?

그것은 1947년 시즌이 시작되기 전 스프링 캠프(spring camp)에서 시작되었다. 당시 다저스의 백인 선수들은 흑인 재키 로빈슨이 자신의 팀에 들어오는 것을 못마땅하게 여겼다. 그래서 그들은 단장과 감독에게 항의하기 위해 '재키가 우리 팀에 들어오면 우리는 경기에 뛰지 않겠다'는 일종의 사보타주를 하며 선수들의 서명 – 물론 여기에는 선수들 사이에 따돌림당하기 싫어서 어쩔 수 없이 사인했던 선수들도 있었다 – 을 받았다. 이때 단 한 명 주장인 피

위 리스만이 사인하지 않았다(아마도 주장 사인이 없어서 인지는 몰라도 사보타주는 이루어지지 않았다). 이유는 인종차별을 싫어하는 자신의 신념 때문이다.

사실 로빈슨이 다저스와 계약했을 때 가장 영향을 많이 받았던 선수는 누가 뭐래도 리스였다. 로빈슨이 니그로 리그에서는 주로 유격수로 뛰었고 다저스와도 유격수로 계약 – 로빈슨은 다저스 입단 후 초창기에는 1루수로 그 뒤에는 2루수로 뛰어서 리스와는 포지션이 겹치지 않았다 – 했다. 때문에 포지션이 겹친 리스가 로빈슨의 입단에 반발했어도 가장 심하게 해야 했다. 하지만 로빈슨의 입단 소식을 들은 리스는 이런 말을 남겼다고 한다.

> "그가 내 자리를 차지할 정도로 훌륭하다면 그건 별로 달갑지 않지만, 흑인이든 백인이든 그럴 자격은 있다고 본다."
>
> **—『여름 소년들』의 저자 로저 칸의 인터뷰 중에서**

물론 이 리스의 사인 거부는 로빈슨도 알게 되었고, 리스가 자신에게 친구로서 또한 팀 동료로서 다가와 주었다는 것을 알 수 있었다. 바로 이것이 상대에게 진정성을 보여준 것이라 하겠다. 만일 리스가 진정성을 보이지 않았다면 크로슬리 필드에서의 역사적 사건은 일어나지 않았을 것이다.

역사적인 사건이 일어난 경기가 끝난 후 리스는 인터뷰에서 자신의 행동에 대해 "사람이 사람을 미워하는 데는 여러 이유가 있을 수 있다. 하지만 그 이유가 고작 피부색 따위여서는 안 된다(You can hate a man for many reasons. Color is not one of them)."라고 말하며 인종차별에 대해서 분명히 반대한다고 말했다. 이 때문에 리스는 백인사회로부터 많은 눈총을 받았고 심지어 시즌이 끝난 후 고향으로 돌아가 이 사건에 대해서 해명해야 했다. 물론 그의 인종차별에 반대하는 생각에는 변함이 없었다.

리스는 은퇴 후 고향인 켄터키 주의 루이빌에 있는 자신의 집에 찾아오는 손님이 문을 열자마자 볼 수 있는 곳에 로빈슨과 찍은 사진을 걸어 놓으며 끝까지 우정을 과시했다. 리스가 처음 악수했던 흑인이 바로 로빈슨인 만큼 그가 자랐을 당시의 켄터키 주(흑인 가곡을 작곡한 작곡가 스테판 포스터의 '켄터키 옛집'에 나오는 바로 그곳이다)는 인종차별이 심했던 곳이다. 그는 또한 흑인과 친구가 된 적이 없었다. 그런 곳에서 자란 리스가 인종차별 하는 생각을 가졌더라도 이상할 것이 없었다.

그리고 1999년 리스가 세상을 떠나자 그의 장례식장에 그와 같은 시기에 메이저 리그의 경기장을 누볐던 흑인들이 찾아와서 추도사를 하기도 했다. 특히 조 블랙은 "리스는 나의 어린 시절 꿈이었던 메이저 리그, 월드 시리즈에서 뛰는 것을 실현하게 했다. 리스가 재키 로빈슨에게 어깨동무한 순간 모든 니그로 리그의 선수들은 웃으며 처음으로 백인이 우리를 받아들였다고 말했다. 내가 브루클린에 왔을 때 나는 리스에게 가서 말했다. '흑인들은 당신을 사랑한다. 당신이 재키에게 다가갔을 때 당신은 우리 모두에게 다가온 것이다. 당신의 유니폼에 있는 등번호 1은 우리 마음속의 넘버 1 – 현역시절 리스가 달았던 번호이고 현재 다저스의 영구결번 – 이다"라는 헌정사를 남겼다.

피 위 리스의 일화에서 보듯 내가 진정으로 마음의 문을 열고 먼저 상대에게 다가간다면 상대도 더 이상 문을 닫은 채로 있지 않고 마음의 문을 열게 되어있다. 바로 이것이 소통의 시작인 것이다.

| 소통 준비하기 |

'지피지기면 백전불태'라는 말이 있다. 이 말은 나를 알고 상대를 알면 백 번 싸워도 위태롭지 않다는 뜻이다. 이는 소통할 때도 적용되는 말이다. 내가 나와 상대를 잘 안다면 소통할 때도 큰 어려움이 없기 때문이다.

하지만 여기에는 한 가지 숨겨진 사실이 있다. '지피지기'라고 하면 가장 먼저 상대를 알아야 된다고 알고 있다. 물론 상대를 잘 아는 것이 중요하기는 하다. 그렇지만 가장 중요한 것은 자기 자신을 잘 아는 것이다. 상대와 소통하기 전에 자기 자신이 상대와의 원활한 소통을 위해 무엇을 먼저 해야 하는지 알아야 한다. 만일 자신이 상대와의 소통을 위해 무엇을 해야 하는지 모른다면 소통이 이루어지지 않을 것이 불 보듯 뻔한 일이다.

그렇다면 상대와 소통을 하기 전 무엇을 먼저 준비해야 할까?

'소통 준비'라고 하면 막상 어렵게 생각할 수도 있다. 그러나 이를 뒤집어 생각해 보면 내가 상대와 대면하기 전에 상대에 대해서 파악하는 것이 이것의 핵심이다. 상대를 파악할 때 가장 중요한 것이 상대가 무엇을 좋아하고, 무엇에 관심이 있는지를 파악하는 것이다. 이를 테면 상대의 취미가 이에 해당한다.

이렇게 상대의 관심사가 파악되었다면, 그중 최근에 가장 많은 관심을 보이는 부분에 주목해야 한다. 상대의 관심사는 여러 가지가 있을 수 있고 시기에 따라 관심사가 변할 수도 있다. 따라서 최근의 관심사를 추리고 그것에 대한 사전 조사를 하는 것 또한 중요한 부분이다.

나의 경우도 전 여자친구를 처음 만났던 날 사전 준비의 효과를 톡톡히 보았다. 나는 전 여자친구를 소개해 준 지인으로부터 그녀에 대한 취미나 관심사 등 정보를 모았다. 그 정보에 따르면 그녀는 일본 소설 특히 '에쿠니 가오리'의 작품을 좋아한다는 것을 알았다. 나도 독서를 좋아하기에 그녀를 만나기 전에 에쿠니 가오리의 소설 두 권을 읽었다. 그 소설을 『냉정과 열정사이 Rosso』와 『반짝반짝 빛나는』이었다. 사실 이 두 권의 책은 에쿠니 가오리의 소설로서 처음 읽은 것이었다.

이 두 권의 책을 읽고 나서 '에쿠니 가오리'라는 작가의 작품에 대한 공통점이 보였다. 그 공통점은 문체가 군더더기 없이 간결하고 소설 속의 상황이 머릿속으로 잘 그려진다는 것이다. 이런 공통점을 찾았다면 상대와 대화하는 준비가 된 것이다.

이렇게 준비한 후 그녀를 만나기 전에, 약속 장소로 정한 카페의 테이블 위에 에쿠니 가오리의 소설 『반짝반짝 빛나는』을 미리 올려놓았다. 약속 시간이 되어 그녀가 카페로 들어왔고 나와 책을 번갈아 보며 말했다. "나도 에쿠니 가오리 소설을 좋아하는데 그쪽도 좋아하나 봐요. 제가 가장 좋아하는 소설이에요"라며 호감을 보이기 시작했다. 나도 좋아한다고 답했음은 물론이다. 그리고 솔직히 여태까지 읽었던 에쿠니 가오리의 작품은 두 권이라고 말했고 그에 대한 느낌을 말했다. 이 말에 그녀도 공감해 주었고 이로 인해 서서히 가까워졌다.

만일 내가 사전에 준비하지 않았다면 첫 만남부터 꼬였을 것이고 대화 또한 제대로 되지 않아 서먹서먹하게 끝났을 것이다. 이는 그만큼 사전 준비의 필요성을 일깨워 주는 것이다. 사전 준비는 나 자신이 상대에게 적대적인 마음이 아닌 우호적인 마음으로 관심을 가지고 있다는 사실을 보여주는 것이다. 상대와 내가 우호적인 관계가 되면 본격적으로 소통의 다음 단계가 진행되어야 한다.

Chapter 2

상대에게 적대적인 감정이
없다는 것을 알려라

상대와 소통하는 데 있어서 사전 준비를 했다면 다음 단계로 넘어가야 할 것이다. 사전 준비라는 것은 나 자신이 스스로 소통하는 데 준비가 되어 있다는 것이다. 하지만 이는 언제까지나 상대와 대면하기 전의 일이다. 그래서 상대와 대면 시 내가 상대에게 '내가 당신과 소통하겠다'는 의지를 보여주는 것이 중요하다. 그렇지 않다면 모든 사전 준비는 물거품이 될 것이다.

상대에게 의지를 보여주는 첫 번째는 '내가 상대에게 적대적인 감정이 없다'는 것을 보여주는 것이다. 내가 상대에게 적대적인 감정이 없어야 상대도 똑같이 나에 대해 그럴 것이다. 그렇다면 상대방에게 적대적인 감정이 없다는 것을 보여주는 방법은 무엇일까?

가장 잘 보여줄 수 있는 것이 얼굴 가득 피어나는 미소이다. 대부분의 사람이 다른 사람을 볼 때 가장 먼저 보는 곳이 얼굴이다. 얼굴의 표정을 보면 현재 그 사람이 어떤 생각을 하고 있는지, 기분이 어떤지가 보이기 때문이다.

가령 상대의 표정이 굳어있다면 이는 상대가 현재 심경이 좋지 않다는 것이다(이것이 나와 관계가 있는지 없는지는 나중의 일이다). 반대로 상대가 얼굴에 미소 짓고 있다면 상대는 현재 심경이 좋은 상태일 것이다. 어떤 표정을 짓고 있는 사람이 적대적인 감정이 없이 편하게 대화할 수 있는 사람일까?

답은 자명하다. 바로 얼굴 가득 미소 짓고 있는 사람이다. 내가 상대를 볼 때도 그럴진대 하물며 상대의 입장은 어떻겠는가? 마찬가지일 것이다. 얼굴에 미소 짓는 것이 중요하다. 이는 자기 계발의 대가 데일 카네기도 강조한 부분이다.

최근 나는 뉴욕에서 열린 만찬회에 참석했었다. 손님 중 유산을 상속받은 한 여성이 다른 사람들에게 멋진 첫인상을 남기려고 애쓰고 있었다. 그녀는 모피, 다이아몬드, 진주로 과하게 치장했다. 하지만 그녀는 얼굴에는 전혀 신경을 쓰지 않았던 것 같다. 얼굴은 심술과 이기심으로 가득했다. 그녀는 다른 사람들이 다 아는 것을 모르고 있었다. 즉, 그녀의 얼굴이 입은 표정이라는 옷이 그녀 몸에 걸친 옷보다 훨씬 중요하다는 것을 말이다.

찰스 슈웝은 내게 자신의 미소가 백만 불짜리라고 말했다. 그리고 보면 그는 그 말에 숨은 뜻을 잘 알고 있었던 것 같다. 슈웝은 전적으로 자신의 인격과 매력 그리고 사람들이 자신을 좋아하게 만드는 능력 때문에 엄청난 성공을 거두었다. 그리고 슈웝의 기질 중에 가장 기분을 좋게 하는 부분은 사람의 마음을 사로잡는 미소였다.

― 데일 카네기, 『인간관계론』 중에서

이러한 미소의 중요성은 앞서 말한 피 위 리스와 재키 로빈슨의 사례에서도 알 수 있다. 백인인 리스가 흑인인 로빈슨에게 친구가 되기 위해 다가왔을 때 리스가 미소 짓지 않고 굳은 표정을 지었으면 어떻게 되었을까? 분명 로빈슨은 리스가 자신에게 적대적인 감정을 품고 있다고 느꼈을 것이고, 이 때문에 쉽사리 마음을 열지 않았을 것이다. 여기에다 백인에 대해 좋지 않은 감정도 생겼을 것이다.

이처럼 상대에게 '내가 당신에게 적대적인 감정이 없다'는 것을 보여줄 수 있는 쉬운 방법이 미소이다. 물론 이 미소는 마음에서 우러나오는 것이어야 한다. 만일 비웃는 표정을 보이기라고 한다면 차라리 안 웃는 것만 못하기 때문이다.

마음에서 우러나오는 미소 짓는 것만으로 상대에게 '내가 적대적인 감정을 가지고 있지 않다'는 것을 전부 보여줄 수는 있을까? 하지만 뭔가가 부족한 것이 있다. 이제는 부족한 것을 채워야 한다.

상대와의 소통은 대부분 대화로 이루어진다. 대화는 입을 통해 상대에게 나의 의사를 전달하는 것이다. 그래서 미소 짓는 것으로 부족한 부분을 대화로 채워야 한다.

내가 상대를 처음 볼 때 환한 미소를 지었다고 모든 것이 끝나는 것은 아니다. 그 뒤에 나오는 말투에 따라 상대가 나에 대해서 느끼는 것이 달라질 수도 있다. 내가 거친 말투로 처음 보는 상대(혹은 그다지 친하지 않은 상대)를 대한다면 상대가 보기에는 분명 내가 지었던 미소는 단지 보여주기 위한, 진심이 없는 미소 – 이를테면 썩소 – 라고 생각할 것이다.

이렇게 된다면 미소로 풀렸던 상대가 나에게 느낀 적대적인 감정이 다시 나타나 소통하는 데 어려움을 겪을 것이다.

그래서 부드러운 말투로 상대를 대하는 것이 중요하다. 내가 상대방에게 부드러운 말투로 대한다면 상대도 마음이 편할 것이고 내가 자신에게 적대적인 감정이 없다는 것을 금방 알아챌 것이다. 상대방이 나에 대한 적대적인 감정이 없다면 소통하는 것이 더욱 수월해질 것이다.

'부드러운 말투로 상대를 대하라'고 했을 때 혹자는 이렇게 말할 수도 있을 것이다. 내 말투가 원래 거칠어서 바꾸기가 힘들고 부드럽게 하기도 힘들다고 말이다. 하지만 생각해 보라. 당신의 눈앞에 사랑하는 사람(애인, 배우자, 자녀 등)이 있다고 하자. 이때는 어떤 방법으로 대화하는지 뒤돌아보라. 나를 포함한 대부분의 사람은 사랑하는 사람 앞에서는 한없이 부드러운 말투로 상대를 대한다. 이는 자신의 말투가 거칠다고 해도 대부분 비슷하게 나온다.

마찬가지로 상대방과의 소통도 대동소이하다. 사랑하는 사람 앞에서의 말투에 비견될 수는 없지만, 최대한 상대가 편안함을 느낄 수 있는 말투로 상대를 대해야 한다. 이것이 어렵다고 한다면 한 가지 상상을 해보라. 앞에 사랑하는 사람이 있다고.

당신이 사랑하는 사람 앞에서 부드러운 말투로 이야기한다면 상대는 어떻게 생각할까? 분명 상대도 나를 편하게 생각할 것이고, 자신이 할 이야기도 어쩌면 더 자세하게 이야기할 수도 있다. 덤으로 상대가 '내가 당신에게 적대적인 감정이 없다'는 것을 느낄 것이다.

상냥한 미소와 부드러운 말투. 바로 이것이 상대에게 '내가 당신에게 적대적인 감정을 품고 있지 않다'는 것을 바로 보여주는 것이다.

Chapter 3

마음의 문을 연다는 것은
소통하겠다는 표시이다

내가 상대방에게 마음의 문을 열고, 내가 적대적인 감정이 없다고 느끼게 하는 것은 소통의 시작이다. 이렇듯 소통은 내가 먼저 상대에게 진심으로 다가갔을 때 비로소 상대가 마음의 문을 열고서 다가오는 것이다. 이는 미국의 대통령 우드로우 윌슨의 말에서도 알 수 있다.

"당신이 두 주먹을 불끈 쥔 채 저에게 온다면 분명 저는 당신보다 두 배 더 빠르게 쳐야겠다고 마음먹을 것입니다. 하지만 당신이 제게 와서 '자, 우리 한 번 상의해 봅시다. 서로 의견이 왜 다른지, 그 차이에 대해 얘기해 봅시다'라고 말한

다면 의견이 크게 다르지 않고 오히려 공통분모가 많아, 화
합하기 위한 인내와 솔직함, 의지만 있다면 우리가 화합할
수 있다는 것을 알게 될 것입니다."

－ 우드로우 윌슨

우드로우 윌슨도 나 자신이 먼저 마음의 문을 열고 상대에게 다가
갔을 때 소통이 시작된다는 것을 알고 있었고 위와 같은 말을 했다.
이러한 것은 데일 카네기가 쓴 그의 저서 『인간관계론』에서도 알 수
있다. 그는 존 D. 록펠러 2세(석유재벌이자 록펠러재단의 창립자인 존 D. 록
펠러 1세의 아들)의 예를 들어 설명하고 있다. 그에 따르면 록펠러 2세
도 자신의 회사 노조원을 설득하기 위해 먼저 그들에게 다가갔다.

"오늘은 저에게 있어서 기억에 남을만한 날입니다. 오늘은
제가 이 큰 회사의 노동자 대표, 관리자, 임원들을 처음으
로 만나는 행운이 깃든 날이기 때문입니다. 이곳에 함께
있는 것은 정말 큰 영광입니다. 그리고 제가 사는 동안 오
늘의 이 모임을 잊지 못할 것입니다. 2주 전에 회의가 열렸
다면, 저는 몇몇만 알아보는, 여러분에게 처음 보는 낯선
사람으로 여기 서 있었을 것입니다. 지난주 남부의 모든
탄광촌에 들러 자리에 없는 대표자들을 제외한 모든 대표
자들과 이야기를 나누고 여러분의 집에 들러 여러분의 아
내와 아이들을 만났습니다. 때문에 오늘 우리가 서로에게

낯선 사람이 아니라 친구로서 만날 수 있는 것입니다. 그리고 서로에 대한 우호적인 정신이 있기 때문에 제가 여러분의 관심사에 대해 이야기 나눌 수 있는 이런 기회를 갖게된 것이 굉장히 기쁩니다."

"오늘 이 자리는 직원 여러분과 근로자 대표자분들의 모임이기 때문에 제가 여기 서 있을 수 있는 것은 모두 여러분 덕분입니다. 불행히도 저는 어느 쪽에도 소속되어 있지 않지만, 한편으로 저는 여러분들과 긴밀한 관계입니다. 어떤 의미에서 저는 주주와 중역의 대표이기 때문입니다."

— 데일 카네기, 『인간관계론』 중에서

록펠러 2세의 연설이 나온 상황은 자신의 회사 노조원들이 파업하는 상황이었다. 이 상황에서 회사 사장인 자신이 강경하게 대처할 수도 있었던 상황이었다. 하지만 록펠러 2세는 그들과 대화하기를 원했다. 대화를 원활히 하기 위해서 록펠러 2세는 그들에게 직접 '내가 당신들에게 적대적인 감정이 없고, 당신들 속으로 다가가서 이야기하고 싶다'는 것을 연설을 통해 보여준 것이다. 이 연설 이후 파업문제는 원활히 해결되었고 록펠러 2세와 노조원 간의 소통은 잘 이루어졌다. 윌슨과 록펠러 2세의 예에서 보듯 소통하려면 나 자신이 먼저 격의 없이 상대방에게 다가가서 친구가 되어야 한다. 이러한 것은 윌슨과 록펠러 2세보다 앞선 시대를 살았던 에이브러햄 링컨의 말에서도 알 수 있다.

꿀 한 방울이 쓸개즙 한 통보다 훨씬 더 많은 파리를 잡는
다'라는 오래된 격언에 진리가 있다. 사람도 마찬가지다.
상대방을 자신의 뜻대로 설득하고 싶다면 먼저 당신이 그
의 진정한 친구임을 확신시켜라. 그 안에 사람의 마음을
잡는 꿀 한 방울이 있다. 그렇게 한다면 당신이 하려는 말
이 곧 그의 이성으로 가는 가장 확실한 방법이 될 것이다.

— 에이브러햄 링컨

이렇듯 소통은 마음과 마음이 하나가 되고, 서로 마음을 이해하
는 데서부터 시작된다. 그래서 나와 상대방이 서로에 대한 마음의
문을 열어서 진심으로 통하고 싶다는 마음을 전달하는 것이 중요
하다. 이때 먼저 나 자신이 상대방에게 마음의 문을 여는 것이 중
요하다. 마음의 문을 열 때 서로가 먼저 다가와 주기를 기다린다면
소통은 이루어지지 않는다. 그래서 나 자신이 먼저 마음의 문을 열
고 다가가 주는 것이 중요하다. 내가 먼저 마음의 문을 열면 상대도
점차 마음의 문을 열 수 있다.

나와 상대가 서로 마음의 문을 열었을 때 비로소 진정한 소통이
시작되는 것이다. 통한다는 것은 마음과 마음이 서로 문을 열고
받아들일 준비가 되었다는 것이다.

나와 상대가 마음의 문을 열고 소통할 준비가 되어 있다면 이때
본격적으로 소통의 단계에 들어가야 한다. 이제 본격적으로 소통
을 어떻게 하고, 또 잘할 수 있는지에 대해 살펴볼 것이다.

소 통 , 경 청 과 배 려 가 답 이 다

Part 2
상대를 배려하라

Chapter 1

마음의 문을 열었으면
상대를 배려하라

| 상대를 먼저 배려하라 |

소통하기 위해 나와 상대방이 서로 마음의 문을 열었으면 다음 단계로 나아가야 한다. 마음의 문을 연 다음 단계는 상대방이 나를 봤을 때 편안한 느낌이 들게 해야 한다. 그러기 위해서는 배려가 필요하다.

상대방과 소통하기 위해서는 필요한 것이 상대방에 대한 '배려' 이다. 배려는 영어로 'consideration'이라고 한다. 이 'consideration' 의 어원 구조는 con(=together) + sider(=see, star sit) + at(=make) + ion(=suffix)이다. 이 'consideration'은 밤하늘의 별을 보고 점을 친 것에서 유래한다. 일반적으로 점을 칠 때는 깊은 생각을 한 후 결과를 내놓는다. 이 '깊이 생각한다'는 것은 '깊이 이해한다'는 것과 일맥상통한다.

'깊이 이해한다'는 것 이것은 상대방의 입장이 되어서 상대방을 이해해야 하는 것이다. '상대방의 입장에서 이해하는 것', 바로 이것이 상대방에 대한 배려이다. 흔히 우리가 경험하는 다툼의 원인을 들어보면 '왜 내 입장을 이해 못 해 주느냐'는 말을 듣는다. 이는 자기 입장을 이해해달라는 것이다. 그런데 이것을 반대로 생각해보면 먼저 나 자신이 상대방의 입장을 이해하지 못하고 있는 건 아닌지 짚어봐야 할 것이다. 내가 먼저 상대방의 입장을 이해한다면 위와 같은 다툼은 일어나지 않을 것이다.

나도 대학생 시절 교사였던 아버지의 입장을 먼저 이해하고 행동한 적이 있었다. 이로 인해 나와 아버지 우리 부자간의 다툼은 없었다.

나는 대학교 시절 부모님과 떨어져 생활했다. 당시 아버지께서는 고등학교에서 교편을 잡고 계셨다. 내가 대학교를 다녔던(정확히는 군대를 갔다 와서 복학한 2002년 이후)시절부터 휴대폰이 보편화 – 당시는 스마트폰이 아니라 2G폰이었다 – 되어 있었다. 그래서 언제 어디서든 안부 전화를 드릴 수 있었다. 언제 어디서나 안부 전화를 드릴 수 있어도 나는 딱 한 가지를 생각해서 전화를 드렸다.

교사이신 아버지의 특성상 오전 8시부터 오후 5시까지는 수업과 여러 가지 일을 처리하는 시간이다. 그래서 그 시간에는 휴대폰으로 연락하지 않았다. 물론 급한 일이 있을 때는 아버지가 교편을 잡고 있는 학교 교무실 유선전화로 전화했다.

이는 내가 교사이신 아버지를 배려한 것이다. 아버지께서는 한 번도 그런 일이 없었지만, 만일 휴대폰을 가지고 수업시간에 들어가서 휴대폰 벨이 울린다고 생각해보라. 학생들은 수업에 지장을 받을 것이고, 가르치는 선생님도 난처하기는 마찬가지일 것이다. 또 수업시간에 휴대폰을 꺼두라고 말한 선생님의 입장은 무엇이 되겠는가. 그리고 이것을 학부모들이 안다면 어떻게 될 것인가?

이런 것을 생각해서라도 나는 일과 시간에 아버지에게 절대로 아버지 휴대폰으로 전화하지 않았다. 이것이 교편을 잡고 학생들을 가르치는 교사이신 아버지에 대한 아들인 나의 배려인 것이다.

여기서 하나, 학교 교무실 유선전화로 해서 아버지를 찾는 것이나 아버지 휴대폰으로 전화해서 통화하는 것이나 무슨 차이가 있느냐고 하는 사람들이 있을 것이다. 하지만 차이가 있다. 내가 아버지가 계신 학교의 교무실 전화로 전화하는 것은 공공기관인 학교의 선생님을 찾는 공적인 전화 – 아들이 아버지를 찾는다는 것은 나중의 이야기이고 첫 번째 목적 – 이다. 반대로 아버지 개인 휴대폰으로 전화하는 것은 개인에게 개인 용무로 전화하는 것이다.

공적인 전화라면 다른 선생님이 메모했다가 아버지의 수업이 끝난 후 전해줄 수 있을 것이다. 이렇게 되면 아버지나 학생 그리고 다른 동료 교사들까지 눈살 찌푸리는 일은 없을 것이다.

상대방의 입장에서 한 번 더 생각해 보고 행동하는 것, 바로 이것이 배려가 아닌가 한다. 그리고 이것은 소통할 때 없어서는 안 될 것이다.

| 상대를 편하게 해줘라 |

'배려'의 목적은 상대에게 나와 소통하는 자리가 편하게 느끼도록 하는 것이다. 우리가 일상생활에서 많은 대화를 주고받는다. 대화를 많이 주고받는 상황에서도 어떤 상황은 편하게 느낄 수 있고, 또 어떤 상황은 그렇지 않게 느껴질 수도 있다. 그렇다면 어떤 상황에서 대화를 잘 주고받을 수 있을까? 말하지 않아도 편하게 느껴지는 상대와 대화를 잘 주고받을 수 있을 것이다.

이때 중요한 것은 먼저 상대에게 내가 편하게 느껴지도록 해 주어야 한다. 상대방이 나를 편하게 느껴지도록 하는 것은 바로 '배려'에서 시작된다. 앞에서 말한 우드로우 윌슨, 존 D. 록펠러 2세의 예를 보더라도 상대가 나를 편하게 느끼도록 했기 때문에 가능한 것이었다. 이는 데일 카네기도 그의 저서 『성공 대화론』에서 말하는 부분이다.

많은 사람들이 대화에서 실패하는 것은 자신들이 흥미를 가지는 것에 대해서만 이야기하기 때문이다. 그것은 상대방을 지루하게 만든다. 과정을 뒤집어라. 상대방의 관심, 사업, 골프 스코어, 그리고 성공에 대해, 만약 상대가 아이 엄마라면 그녀의 아이에 대해 말하도록 유의하라. 상대방의 말에 귀를 기울이면, 그에게 당신은 기분 좋은 사람이 될 수 있다. 결과적으로 당신은 별로 말을 하지 않았지만, 즐거운 대화 상대로 여겨질 수 있는 것이다.

필라델피아의 해롤드 드와이트 씨는 최근 대중 연설 강좌의 마지막 수업에서 굉장히 인상적인 연설을 했다. 그는 테이블에 둘러앉아 있는 사람들에게 차례로 돌아가면서 이야기를 했다. 자신이 처음 이 강의를 들었을 때는 어떻게 말했고, 얼마나 실력이 향상되었는지, 여러 수강생들이 했던 연설과 토론한 주제를 회고했으며, 그들 몇 사람의 말투를 흉내내며 그들의 특이한 버릇을 보여주며 사람들을 즐겁게 했다. 이렇게 훌륭한 재료를 가지고 실패할 수 있을까? 그것은 지극히 이상적인 주제였다. 이것만큼 그들의 관심을 자극할 만한 주제는 없다. 드와이트는 인간성을 어떻게 다뤄야 하는지 아는 사람이었다.

— 데일 카네기, 『성공 대화론』중에서

데일 카네기도 『성공 대화론』을 통해 내가 상대방의 입장에서 이해야고 상대방을 편하게 해줘야 비로소 대화가 시작된다고 한다. 다시 말해 배려가 바탕이 되어야 한다는 것이다.

그렇다면 우리가 어떤 상황에서 가장 편하게 상대방과 이야기할 수 있을까? 아마도 친한 친구 사이에서 가장 편하게 대화를 할 수 있을 것이다. 친한 친구라면 서로의 장단점을 잘 알고 있고 서로의 관심거리나 흥미에 대해 잘 알고 있다. 따라서 자연스럽고 편하게 이야기할 수 있다.

그리고 비단 친구 관계가 아니라도 서로 상대를 편하게 느낀다면 다른 사람에게 말하지 못하는 이야기를 주고받을 수 있다. 나의 회사 입사 동기 D는 다른 사람에게 – 다른 3명의 입사 동기 포함 – 는 하지 못하는 이야기를 나에게는 종종 털어놓을 때가 있다. 나 역시도 그에게 종종 내 고민을 털어놓을 때도 있다. 일례로 회사에서 상사에게 억울하게 야단맞았던 일이나 힘들었던 일을 나를 불러서 이야기할 때가 있다.

사실 그와 나는 나이 차로 따지면 내가 3살이 많다. 그런데도 형 뻘의 나이인 나와 편하게 이야기를 주고받는다. 이것은 나와 D 서로가 신뢰를 쌓았고 그 과정에서 내가 그에게 편하게 느끼도록 했기 때문이다. 이것을 바탕으로 남들에게 쉽게 말하지 못한 고민 같은 것을 이야기하는 것이다.

이처럼 내가 먼저 상대를 편하게 해준다면 상대도 따라서 나를 편하게 느낄 것이다. 이렇게 상대방이 늘 편하게 느끼는 것은 소통할 때 막힘없이 할 수 있는 기본이 된다.

| 상대에게 관심을 가져라 |

소통할 때 우리가 가장 간과하고 있는 것은 '상대에 대한 관심'일 것이다. 소통은 나 혼자가 아니라 반드시 상대가 있어야 이루어지는 것이다. 그래서 내가 먼저 상대에 대해서 관심을 보여야 한다. 그렇지 않고 서로가 먼저 자신에게 관심을 보여주길 바란다면 소통은 되지 않고 상황은 평행선을 그으며 더 이상 진전되지 않을 것이다.

그래서 내가 먼저 상대에게 관심을 갖는 것이 중요하다. 상대에게 내가 먼저 다가가 관심을 보인다면 상대가 마음의 문을 열고 소통의 장으로 나올 것이다. 그렇게 되면 소통은 더더욱 수월하게 될 것이다. 내가 먼저 상대에게 관심을 보이는 것 역시 상대에 대한 배려 중의 하나이다.

여기서 혹자는 이런 의문을 가질 것이다. '상대에게 관심을 가지는 것'이 어떻게 배려가 되느냐고. 하지만 생각해 보자. 내가 상대와 대면하기 전 내가 상대가 좋아하는 것과 싫어하는 것을 미리 알고 있다면, 나는 상대가 좋아하는 것을 집중적으로 말할 수 있을 것이다. 또한, 싫어하는 부분을 말하지 않을 수 있어 서로 간에 얼굴을 붉힐 일은 없을 것이다. 서로가 얼굴을 붉히지 않는다면 소통이 잘되는 것이다.

만약 상대를 미리 파악하지 못하고 싫어하는 부분이나 콤플렉스를 건드렸다고 하면 어떻게 될까? 아마도 나와 상대는 더 이상 소통이 되지 않고, 상대는 더 이상 나와 이야기하려 들지 않을 것이다. 이러한 것만 보더라도 내가 먼저 상대에게 관심을 갖는 것이 배려의 한 부분이라는 것을 알 수 있다.

앞서 말한 데일 카네기도 자신의 저서 『인간관계론』이나 『성공 대화론』에서 내가 먼저 상대에 대해 파악하라고 한다. 특히 상대의 관심사에 대해 내가 적극적으로 반응을 보인다면 소통은 쉬워질 것이라고 한다.

나에게 J라는 친구가 있다. 이 친구는 어린 시절 같은 동네에서 자란 것도 아니고 그렇다고 해서 대학교 때 사귄 친구도 아니었다. 같은 회사에 동기로 입사했고 나이가 같아서 친해진 것이다. 그런데 어느 날 나는 그의 관심사가 나와 비슷하다는 것을 알았다. 하루는 나와 J가 회사 직원 누구보다 일찍 출근한 적이 있다. 그래서 나는 커피나 한잔 하려고 그의 부서에 갔다. 그리고는 내가 말 한마디를 던졌고 이것이 계기가 되어 친해지게 되었다.

그 한마디는 "오늘 새벽에 챔피언스 리그 봤냐? 박지성이 골을 넣었더라"였다. 사실 나와 그는 공통으로 스포츠를 좋아한다. 특히 야구나 축구를 그래서 자연스럽게 스포츠에 관해 이야기하게 되었고 이것을 계기로 친해지게 되었다.

이처럼 내가 상대방의 관심사에 대해 적극적으로 관심을 보이면 그 사람도 마음의 문을 열고 서서히 친해지게 되는 것이다. '내가 상대방의 관심사에 대해 적극적인 반응'을 보이는 것, 이것이 바로 배려이고, 배려는 소통의 시작인 것이다.

| 배려는 함께하는 것이다 |

흔히 '배려'라고 하면 내가 아는 사람에게 하는 것이라고 생각한다. 하지만 큰 착각이다. 배려는 내가 모르는 사람에게 하는 것이다. 내가 모르는 다른 사람을 편하게 해 주는 것 그것이 바로 배려이다. 바바 하리다스는 배려에 대해 다음과 같은 일화를 들려주었다.

앞을 못 보는 사람이 밤에 물동이를 머리에 이고 한 손에는 등불을 들고 길을 걸었다.

그와 마주친 사람이 물었다.

"정말 어리석군요. 당신은 앞은 보지도 못하면서 등불은 왜 들고 다닙니까?"

그가 말했다.

"당신이 나와 부딪치지 않게 하려고요. 이 등불은 나를 위한 것이 아니라 당신을 위한 것입니다."

— 바바 하리다스

바바 하리다스가 들려준 이야기는 이렇게 말한다. 앞을 못 보는 사람이 등불을 들고 다니는 것은 상대가 그와 부딪쳐서 당할 수 있는 부상을 막고자 하는 일종의 배려인 것이다. 이 상대란 물론 특정한 상대가 아니라 앞을 못 보는 사람의 반대편에서 걸어오는 사람이다.

또한, 유대인의 교육서 탈무드에서도 상대에 대한 배려를 가르치고 있다.

한밤중에 어떤 단체에서 예기치 않은 문제가 생겼다. 회원
들은 다음 날 아침 6시에 긴급회의를 소집해 문제를 해결
하기로 했다.

아침, 회의실에 모였을 때 회원은 모두 일곱 사람이었다.
여섯 사람의 회동이었는데, 아무도 부르지 않은 한 사람
이 온 것이다.

회장은 누가 불청객인지 알 수 없었다.

회장이 말했다.

"여기에 나오지 말아야 할 사람은 당장 돌아가시오."

그러자 그들 중에서 가장 유능하고 가장 필요한 사람이
나가버렸다.

그는 부름을 받지 않은 채 잘못을 알고 나온 일곱 번째 사
람에게 굴욕감을 주지 않기 위해 자신이 나가버린 것이다.

―『탈무드』

탈무드 이야기에서 만약 한 사람이 다른 사람을 배려하지 않은
채 끝까지 나가지 않았다면 긴급회의는 제대로 되지 않을 것이고
끝까지 불청객을 찾는다고 시간을 허비해버렸을 지도 모를 일이다.
이처럼 상대에 대한 배려는 나와 상대가 함께하는 것이다. 나와 상
대가 함께할 때 소통은 잘되는 것이다.

- '배려. 나를 넘어서는 도약대. 그래서 세상과 조화를 이루는 연결고리'
- 배려는 경쟁까지도 넘어설 수 있다. 경쟁자의 관점에서 보고, 경쟁자를 앞지르고, 마침내 경쟁자를 더 나은 길로 인도한다.
- "어떻게 보면 배려와 경쟁은 이율배반적인 것이지만, 우리의 삶을 지탱시켜주는 게임의 기본 룰이야. 마치 인내하고 포용하는 인仁의 정신과 배척하고 판단하는 의義의 정신이 공존해야 하듯 말이야."
- 배려는 선택이 아니라 공존의 원칙이다.
- 사람은 능력이 아니라 배려로 자신을 지킨다. 사회는 경쟁이 아니라 배려로 유지된다.

— 한상복, 『배려』 중에서

Chapter 2

상대가 먼저 자신의
이야기를 하도록 하라

| 상대가 먼저 이야기하게 하는 것, 그것이 배려다 |

상대가 마음의 문을 열고 나에게 편안함을 느꼈으면 이제 본격적인 소통 단계로 나아가야 한다. 본격적인 소통 단계의 처음은 상대가 먼저 자신의 이야기를 편하게 하도록 하는 것이다. 일반적으로 사람들은 다른 사람의 이야기를 듣는 것보다는 자신의 이야기를 다른 사람에게 하는 것을 좋아한다. 이는 일종의 자기 과시이기도 하고, 이야기를 통해 스트레스 같은 것을 풀 목적일 것이다.

하지만 소통할 때는 나의 이야기는 뒤로하고 상대의 이야기를 주의 깊게 들어줘야 한다. 상대가 나와 대화를 통해 문제를 해결하든 스트레스를 풀든 그 목적은 나와 소통을 하겠다는 것이다. 이런 것을 감안한다면 나의 이야기를 먼저 꺼내기보다는 상대의 이야기를 들어줘야 한다. 이때 상대가 하고 싶은 말에 대해 사전에 조사하고 생각해 보는 것도 많은 도움이 된다.

이렇게 먼저 상대방의 이야기를 들어주는 것은 일종의 '배려'이다. 이를 상대방의 입장에서 생각해 보면 먼저 자신의 이야기를 하게 해주었기 때문에 배려받고 있다고 생각하게 한다. 상대가 나에게 배려받고 있다는 것을 느끼면 나에게 원래 하고 싶은 이야기보다 더 깊이 들어갈 수도 있어서 소통이 좀 더 좋은 방향으로 나아갈 수 있게 해준다.

이러한 것은 나도 전 여자친구를 만나면서 효과를 보았다. 그녀를 만날 때 가끔 자신의 이야기 – 이를 테면 회사에서 겪었던 일이나 다른 사람에게는 말 못할 고민 같은 것이다 – 를 하도록 했다. 이때는 그녀의 표정과 목소리를 보면 금방 눈치챌 수 있다. 처음에는 그녀가 조심스럽게 이야기를 꺼냈다. 아무래도 내가 어떤 반응을 보일지 몰랐기 때문이다. 그녀가 처음 자신의 이야기를 했을 때 나는 그녀의 이야기가 끝날 때까지 주의 깊게 들었다. 이렇게 처음 그녀의 이야기를 주의 깊게 들은 후 그녀는 가끔 고민이 있을 때 자신의 이야기를 털어놓고는 했다.

그리고 그녀가 먼저 자신의 이야기를 하게 한 뒤로는 고민이 있을 때 그녀가 깊이 있게 이야기하는 경우도 있었다. 이는 그녀가 나에게 배려받고 있다는 것을 알고 있었다는 것이다.

내가 전 여자친구에게 자신의 이야기를 먼저 하게 해준 후 그녀도 내가 고민이 있을 때는 먼저 이야기하라고 배려해 주곤 했다. 이렇게 내가 먼저 상대에게 자신의 이야기를 하라고 배려해 주면 나중에 내가 고민이 있을 때 상대도 나에게 나의 이야기를 먼저 하도록 배려해준다. 바로 이런 것이 소통이다.

| 상대의 이야기에 공감하라 |

내가 상대의 이야기를 먼저 들어주고 있다면 다음으로 무엇을 해야 할까? 그것은 바로 상대의 이야기에 대해 공감을 해 주어야 한다. 내가 상대방의 이야기를 듣고 있다고 해서 상대는 내가 정말로 자신의 이야기를 주의 깊게 듣고 있는지 알 수가 없기 때문이다.

상대는 자신이 이야기할 때 내가 가만히 있으면 내가 자신의 이야기를 주의 깊게 듣는지 아니면 한 귀로 듣고 한 귀로 흘리는지 알수가 없다. 그래서 상대에게 내가 자신의 이야기를 주의 깊게 듣고 있다는 것을 알려줘야 한다. 이를 구체적으로 알려주는 것, 바로 공감이다. 공감한다는 것은 상대가 이야기할 때 말이나 몸짓으로 표현할 때가 가장 효과적이다.

이는 우리의 전통인 판소리를 보면 수 있다. 판소리는 긴 시간 동안 가락으로 이야기를 들려주는 것이다. 시간이 길어서 관객 입장에서 지루해질 수 있고, 소리꾼도 관객들이 자신의 이야기를 제대로 듣고 있는지 아닌지를 알 수가 없다. 이럴 때 흥이 나는 장면이 나오면 북을 치는 고수나 관객들이 '얼쑤', '좋다' 등과 같은 흥을 돋우는 말(추임새)을 하곤 한다. 이런 추임새를 들을 때 소리꾼으로서는 관객들이 자신의 이야기에 공감한다는 것을 알 수 있고 더욱 흥이 나서 신나게 소리를 할 수 있다. 판소리에서 추임새는 판소리 전체를 지루하지 않게 하는 목적도 있지만, 관객이 소리꾼의 이야기를 공감하고 있다고 직접 보여주는 것이기도 하다.

이러한 공감은 동서양을 가리지 않고 중요하게 여기고 있다. 데일 카네기는 그의 저서 『인간관계론』에서 미국의 16대 대통령 에이브러햄 링컨의 일화를 예로 들어 명확히 설명하고 있다.

> 남북전쟁으로 인해 시국이 어려운 당시 링컨은 일리노이 주 스프링 필드에 살고 있는 옛 친구에게 몇 가지 상의할 게 있으니 워싱턴에 와달라는 편지를 썼다. 친구가 도착하자 링컨은 노예해방 선언을 하는 것이 타당한가에 대해 몇 시간 동안 얘기를 했다. 또한 그런 움직임에 대한 찬반 논의를 검토하고, 신문에 실린 기사와 의견들을 읽어 주었다. 한 측에서는 노예해방을 하지 않은 것에 대해, 또 다른 한 측에서는 노예해방을 하는 것에 대해 링컨을 비판하고 있었다. 몇 시간의 대화 후 링컨은 악수를 하며 옛 친구를 돌려보냈다. 그는 친구의 의견을 묻지 않고 혼자서만 계속 떠들었다. 그러면서 복잡했던 마음이 한결 정리되는 것 같았다. "그렇게 얘기하고 나니 조금 편안해지는 것 같더군" 하고 링컨의 친구는 말했다. 링컨이 필요한 것은 조언

이 아니었다. 그는 자신의 짐을 덜 수 있도록 편안하게 공
감을 해 줄 청자가 필요했던 것이다. 이것이야말로 문제가
생겼을 때 사람들이 가장 필요로 하는 것이다.

— 데일 카네기, 『인간관계론』 중에서

링컨의 일화에서 보듯 상대의 이야기를 들어 주고 공감해 주는
것, 이것은 그 어떠한 것보다 더 강하게 상대에게 내가 자신과 소
통하고 있다는 것을 보여주는 것이다.

| 상대의 이야기에 장단을 맞춰라 |

내가 상대방의 이야기에 공감해 준다면 소통은 지금까지 잘 진행
되고 있는 것이다. 그런데 내가 상대의 이야기에 공감만 한다고 해
서 완전히 소통이 이루어지고 있다고 할 수는 없다. 상대방의 입장
에서는 내가 공감하고 있어도 내가 진심으로 공감하고 있는지 그
렇지 않은지 판단하기 힘들다. 그래서 상대에게 '내가 당신의 이야
기에 진심으로 공감하고 있다'는 메시지를 보여 주어야 한다.

내가 상대의 이야기에 진심으로 공감하고 있다는 것을 보여 주
는 것이 이야기를 들으며 장단을 맞춰 주는 것이다. 상대가 자신
의 이야기를 하고 있을 때 내가 "그래, 맞아. 나도 그런 적 있어"나
"그 다음은 어떻게 되었는데?"라는 식으로 장단을 맞추며 이야기
를 들으면 상대도 더 신이 나서 이야기할 것이다. 또한, 이야기도 지

루하지 않게 되어 더 집중할 수도 있을 것이다. 이렇게 되면 소통이 좀 더 잘 이루어질 수 있다.

여기서 상대의 말에 장단을 맞추는 것도 아무 상황에서나 하는 것이 아니라 타이밍이 중요하다. 이 타이밍은 상대의 이야기 중에 하는 것이 아니라 상대의 이야기의 한 단락이 마무리되었을 때 해야 한다. 만일 상대가 한창 이야기하는 중에 끼어든다면 이야기의 맥은 끊어지고 상대의 기분은 좋지 않을 것이다.

이렇게 되면 앞서 좋게 진행되었던 모든 단계가 수포가 될 수 있다. 그래서 상대의 기분이 좋으면서 이야기의 흐름도 끊기지 않게 장단을 맞추는 것이 중요하고, 내가 장단을 맞추는 것은 이야기의 한 단락(소절)이 끝났을 때가 가장 좋다.

나도 예전에 장단을 제대로 맞추지 못한 경험을 가지고 있다. 5~6년 전만 해도 친구들과 이야기할 때 나는 친구의 이야기가 끝나지도 않았는데 불쑥 끼어든 적이 많았다. 당시 친구들이 내가 이야기에 불쑥 끼어들면 "내 이야기가 끝난 후 이야기 하라"고 많이 말했다. 이는 내가 상대방의 이야기를 제대로 듣지 않았고, 공감도 제대로 하지 않았다는 뜻이다. 이런 실수를 반복하다 보니 친구들과 깊이 있는 이야기를 하기가 어려웠다.

그래서 나는 그 이후로 상대방의 이야기 흐름 중 한 단락이 끝나기를 기다린 후 장단을 맞춰주고 나의 이야기를 하게 되었다. 이렇게 되니 친구들도 내가 자신들의 이야기에 진심으로 공감하고 있다는 것을 알았고 이때부터 친구들과 깊이 있는 이야기도 나눌 수 있게 되었다. 지금은 친구들과 소통이 잘 되고 있음은 물론이다.

이렇든 상대의 이야기의 흐름을 끊지 않는 범위에서 내가 장단을 맞춰 주면 상대는 내가 자신의 이야기에 진심으로 공감하고 있다는 것을 알 것이다. 이렇게 되면 소통도 한 단계 더 잘 진행될 수 있다.

Chapter 3

상대의 이야기를 끝까지 들어라

| 상대가 이야기하면 중간에 끊지 마라 |

사람은 원래 자기 자신의 이야기를 먼저 하고 싶은 욕구가 있다. 이런 욕구 때문에 자신의 이야기를 먼저 하지 못해 안달이 나는 사람도 있다. 또한, 자신의 이야기만 하느라 상대편의 입장은 생각하지 못하는 경우가 있다. 이렇게 되면 나와 상대의 소통은 제대로 되지 않게 된다.

그래서 우리는 상대방에게 내가 편하게 느껴지고 상대방이 먼저 자신의 이야기를 먼저 하도록 배려하는 것이 중요하다. 여기서 중요한 것이 상대가 먼저 이야기하면 중간에 끼어들지 말고 이야기를 끝까지 들어주는 것이 중요하다. 이는 입장을 바꿔서 내가 한창 이야기하고 있는데 상대가 중간에 끼어들어서 말의 흐름을 끊고 자신의 이야기를 한다면 내 기분은 아마도 좋지 않을 것이고, 때에 따라서는 다시는 이야기하고 싶지 않다는 생각이 들 수도 있다. 이는 상대가 이야기할 때 내가 중간에 끼어들어 자신의 이야기를 끊어도 마찬가지다.

여기서 우리가 상대의 이야기에 장단을 맞추는 말 정도는 상대의 이야기 중간중간에 – 구체적으로 단락이 끝날 때 – 할 수는 있다. 이런 말은 상대의 이야기가 지루하지 않게 만들 수도 있고 내가 상대의 이야기에 공감하고 있다는 표시를 해 주기도 하는 긍정적인 것이다. 하지만 장단을 맞추는 말이 아닌 나의 의견을 말할 때는 상대방의 이야기가 완전히 끝난 뒤에 하는 것이 좋다. 원래 이야기는 끝까지 들어봐야 제대로 된 맥락이 잡히고 내가 의견을 말하더라도 제대로 말할 수 있다. 이 때문이라도 상대의 이야기는 끝까지 들어야 한다.

우리는 흔히 "이야기를 끝까지 들어 보라"는 말을 하기도 하고 듣기도 한다. 이는 상대방의 이야기를 끝까지 들어야 상대방이 진정으로 원하는 것이 무엇인지를 알 수 있고, 내가 조언해도 좀 더 나은 조언을 해 줄 가능성이 크기 때문이다. 이는 내가 이야기할 때도 마찬가지다. 상대가 내 이야기를 끝까지 들어줌으로써 내가 하고자 했던 바를 제대로 이야기할 수 있고, 상대의 좀 더 나은 의견을 들을 수 있기 때문이기도 하다. 또한, 상대와의 다툼도 없어질 수도 있다.

이는 조선의 4대 임금이자 최고의 성군으로 불리는 세종대왕의 어전회의에서도 드러난다. 세종은 어전회의에서 신하들이 이야기하면 일단은 끝까지 듣고 중간에 끼어들진 않는다. 신하들의 이야기가 끝나면 "경의 의견에도 일리가 있다. 허나 과인의 의견은 이러하다"라는 말을 하면서 토론한다. 세종은 신하들의 말을 끝까지 공감하면서 듣는다는 것을 보여 주는 것인 동시에 신하를 배려하는 것이다. 이러한 배려 속에서 전분6등법 연분9등법과 같은 세제와 강수량을 측량하는 측우기 발명 같은 진정으로 백성을 위한 정책이 나온 것이다.

만일 세종이 신하들의 이야기를 끝까지 듣지 않고 독단으로 판단했다면 백성을 진정으로 위한 정책은 나오지 않았을 것이고 백성들은 더 궁핍해졌을 것이다. 이런 것을 볼 때 세종의 진정한 배려가 소통으로 이어졌고, 이것이 제대로 된 백성을 위한 정책이라는 결과로 나왔던 것이다.

이렇듯 상대방의 이야기를 끝까지 들어주면 상대와도 다툼이 벌어질 일은 없고, 소통은 더욱더 단단히 이루어질 수 있는 것이다.

상대의 이야기를 끝까지 듣고 내 의견을 이야기하는 것. 이것은 일종의 상대에 대한 배려이자 소통의 출발점이다.

| 상대의 이야기를 끝까지 듣고 판단하라 |

우리가 일상생활에서 흔히 하는 실수가 상대의 말을 끝까지 듣지 않고 중간에서 잘라버리는 것이다. 이는 한 마디로 상대방의 의사를 더는 확인하기 싫다는 것이고 내 생각만 옳다는 것을 보여 주는 것이다. 이렇게 되면 상대방이 더 이상 나와는 대화하고 싶다는 생각이 들지 않을 것이다.

또한, 내가 상대방의 이야기를 끝까지 듣지 않고 중간에서 잘라버린다면 상대방이 정말로 하고 싶은 말의 핵심을 놓칠 수 있다. 그것을 놓친다면 내가 진심으로 상대에게 해 주고 싶은 말도 다른 방향으로 와전될 수도 있다. 이런 상황에서는 누가 봐도 소통은 쉽지 않을 것이다.

상대방은 내가 자신의 이야기를 중간에서 잘라버리면 자신이 무시당하고 있다는 느낌을 받을 수 있다. 누구든 자신이 무시당한다고 느끼면 기분은 당연히 좋지 않을 것이다. 이렇게 되면 서로 믿지 못하는 상황이 되어 소통의 다음 단계로 나가지 못할 것이다. 이는 전적으로 나 자신으로 인해 소통이 제대로 되고 있지 않다는 것을 보여주는 것이다.

상대방의 의견을 끝까지 듣고 판단하는 것은 특히 상대방과 협의해서 일을 진행할 때 가장 중요하다. 나와 상대방의 의견은 처음부터 일치하지 않은 것은 어찌 보면 당연하다. 같은 부모에게서 태어나고 자란 환경이 같은 형제자매들도 서로 의견이 엇갈릴 때가 많은데, 하물며 다른 부모에게서 태어나고 자란 환경이 다른 사람은 더할 것이다. 그래서 다른 사람과 최선의 결론을 내기 위해 협의하고 더 좋은 의견을 구하기 위해서라도 나와 생각이 다른 상대방의 의견을 끝까지 들어보는 것이 중요하다. 그 후에 나의 의견을 말해도 늦지 않는다.

만일 서로가 자신의 의견을 먼저 말하겠다고 하면 어떻게 되겠는가? 최선의 결론은 차치하고서라도 큰 싸움이 안 나는 것이 오히려 다행일 것이다. 그래서 내가 먼저 상대방의 이야기를 끝까지 듣는 것이 중요한 것이다. 그렇게 되면 상대도 마찬가지로 내 의견을 끝까지 들어줄 수 있어 소통하는 데 큰 걸림돌은 없게 된다.

이러한 것은 지난 2014년 여름 우리나라를 방문했던 교황 프란치스코를 보면 알 수 있다. 그는 한국에 방문했을 때 환영을 나온 일반 시민과 천주교 행사를 찾았던 신도들에게 먼저 말할 기회를 주었고, 그들의 말을 끝까지 들어주고 난 뒤 자신의 말을 전달했다. 이러한 태도는 우리나라에서 보는 토론 문화와는 사뭇 달랐다.

우리나라에서는 직접 토론하는 자리에서나 텔레비전 토론 프로그램을 보면 패널들이 상대방의 의견을 중간에서 자르고 자신의 의견을 말하는 것을 볼 수 있다. 이때 상대의 얼굴을 본다면 분명 표정이 좋지 않을 것이다. 한번 상대의 말을 중간에서 끊어버리면 계속해서 패널들이 상대의 의견을 끊고 들어와 자신의 말만 말하는 일이 생기게 된다. 이렇게 되면 토론은 제대로 되지 않고 자신이 무시당하고 있다는 느낌을 받아 말싸움만 될 뿐 제대로 된 결론은 낼 수가 없다.

이와 같이 상대방의 이야기를 끝까지 듣고 판단하는 것은 소통할 때 매우 중요하다. 상대방의 이야기를 끝까지 듣고 판단해서 나의 의견을 말하는 것. 이것은 상대방에 대한 배려이자 소통으로 징

검다리를 놓는 것이다.

| 내 생각도 상대방의 이야기가 끝난 후 전달하라 |

'소통'이라는 것은 '내 생각'과 '상대방의 생각'을 각자 보여주고 공통된 점을 찾아 최선의 결론을 내는 것이다. 그래서 나와 상대방이 자기 생각을 자유롭게 이야기하는 것이 중요하다. 이때도 나의 의견은 상대방의 이야기가 끝난 후 말하는 것이 바람직하다.

우리가 서로 이야기하다가 중간에 리듬이 끊어지면 분위기가 가라앉고 맥이 빠진다. 경우에 따라서 자신이 앞서 이야기했던 것이 순간적으로 기억이 나지 않을 때도 있다. 그래서 이야기는 한 번 하면 끝날 때까지 끊어지지 않고 계속 이어져야 한다. 이야기가 끊어지지 않게 하려면 끝까지 들어주는 것이 중요하다. 이때 내가 먼저 상대의 이야기를 끝까지 들어주고 나의 의견은 이야기가 끝난 후 말하라. 그러면 상대도 내 차례가 됐을 때 나의 이야기를 끝까지 들어줄 것이다. 이렇게 되면 이야기 중간에 끼어들어 자칫하면 발생할 수 있는 잘못된 판단도 줄여줄 수 있다.

우리가 흔히 듣는 말 중에 가장 실천이 어려운 것이 '경청'이다. 경청은 상대방의 이야기를 끝까지 듣고 나의 의견을 나중에 말한다는 것이 내포되어 있다. 이 말은 상대방의 이야기를 다 듣기 전에 섣부르게 판단하지 말라는 뜻이다.

상대방의 이야기를 끝까지 듣고 난 후 내 의견을 말하는 것. 이것

은 상대에 대한 최선의 배려이자 소통을 원활하게 하는 윤활유 같
은 것이다.

Chapter 4

배려는 소통의 시작이다

'배려'는 내가 상대방에게 보여줄 수 있는 '공감'의 시작이자 '소통'의 시작이다. 내가 먼저 상대에게 배려해줌으로써 함께 최선의 결론을 얻기 위해 나아가게 하는 원동력이다. 여기서 내가 상대에게 배려할 때는 형식적인 배려가 아니라 상대를 존중하겠다는 진심 어린 배려를 해야 한다. 내가 상대를 존중한다면 그 또한 나를 존중해 줄 것이다.

이러한 존중이 바탕이 된 배려가 가장 잘 나타나는 것은 바둑이다. 바둑에서는 대국(경기)이 끝나고 나면 대부분 '복기'라는 것을 한다. 이 복기란 앞서 두었던 대국을 비평하기 위해 두었던 대로 처음부터 다시 두어보는 것을 뜻한다.

복기하는 것은 앞선 대국의 상황을 처음부터 두었던 그대로 놓아보면 당시 몰랐던 것을 알 수 있다. 이를 테면 패자 쪽에서는 어떤 상황에서 이길 수 있었던 수가 떠오를 수 있고, 승자 쪽에서는 하마터면 질 뻔했던 아찔한 상황을 볼 수도 있다. 이 복기를 할 때 필수적으로 나오는 것이 상대와 나의 의견 교환이다. 바둑에서 의견 교환을 할 때 서로 상대의 말이 끝난 후 자신의 의견을 말한다. 이러한 것은 바로 배려에서 나오는 것이다.

또한 복기할 때 승자 입장에서는 이겼다고 우쭐대는 모습을 보여서는 안 되는 것이고, 패자 입장에서는 졌다고 기분 나쁜 모습을 보여서는 안 된다. 이것은 일종의 서로에 대한 존중이 바탕이 된 배려이다. 승자나 패자 입장에서 이겼다고 우쭐대거나 졌다고 기분 나쁜 모습을 보인다면 제대로 된 '복기'는 될 수 없고 싸움만 날 것이다.

복기할 때 승자는 패자에 대한 배려의 일종으로 져 주기도 한다. 이는 패자 입장에서 복기에서라도 이겨서 기분을 좀 더 좋게 하고, 승자는 이후의 관계를 공고히 할 수 있게 하는 것이다. 실제로 바둑 기사들 사이에 다툼이 거의 없다는 것을 보면 이를 증명한다.

우리의 상황도 바둑과 마찬가지로 상대에 대한 존중이 바탕이 된 '배려'가 있다면 소통은 생각했던 것보다 더 쉽게 이루어질 수 있을 것이다. 그리고 우리 사회도 한 단계 더 성숙해질 수 있을 것이다.

소 통 ,   경 청 과   배 려 가   답 이 다

Part 3
상대의 입장에서 생각하라

Chapter 1

역지사지易地思之

| 입장을 바꿔 생각하라 |

내게 그런 핑계를 대지마. 입장 바꿔 생각을 해봐. 니가 지
금 나라면 넌 웃을 수 있니?

— 김건모, '핑계' 중에서

90년대 학창시절을 보낸 사람이라면 가수 김건모의 '핑계'를 많
이 듣기도 하고 따라 부르기도 했을 것이다. 이는 당시 중고등학교
시절을 보낸 나도 마찬가지다. 그중에서 나는 위의 노랫말이 가장
기억에 남는다. 특히 '입장 바꿔 생각을 해봐'라는 노랫말이 가장

인상적이다. 입장 바꿔 생각하는 것은 바로 우리가 소통할 때나 일상생활할 때 반드시 필요한 부분이기 때문이다.

우리가 일상생활에서 상대와 다투는 이유 중의 하나가 서로 간의 생각이 맞지 않아서이다. 그런데 이는 알고 보면 지극히 당연한 것이다. 같은 부모에게서 태어나고 자란 형제자매간이라도 서로 생각이 달라서 다투게 되는데 태어나고 자란 환경이 다른 사람이라면 오죽하겠는가? 서로 간의 생각이 다른 것은 자연스러운 것이다. 그럼에도 우리는 일상생활을 하면서 상대와 의견을 조율해서 최선의 방법을 모색해야 하는 경우가 있다. 이런 경우 서로의 의견을 맞춰가기 위해서는 서로가 상대의 입장에서 생각해 보는 것이다.

혹자는 상대방의 입장에서 생각해 보는 것이 '상대에게 지는 것이 아니냐'고 반문할 수 있다. 이를 단기적인 관점에서 본다면 충분히 그럴 수 있지만, 장기적으로 내다본다면 그렇지가 않다. 이는 나무를 볼 때보다 숲 전체를 볼 때 더 자세히 보고 판단 할 수 있는 것과 같은 이치이다.

이렇게 상대의 입장에서 생각해 보는 것은 장기적인 관점에서 소통할 때 중요한 부분이다. 이를 가장 잘 적용한 사람이 바로 충무공 이순신 장군이다.

임진왜란 당시 23번을 싸워 23번 모두 이긴 명장 충무공 이순신. 그가 싸운 23번의 해전을 분석해 보면 대부분의 전투가 바다 한가운데서 적의 배를 격침한 것이다. 이 부분은 물론 이순신 장군이 수군(오늘날의 해군) 장군이라서 그런 것일 수도 있다. 하지만 단지 수군 지휘관이라는 이유 하나만으로 적을 바다 한가운데로 유인해서 전투했을까?

본래 조선 수군의 전투 방법에는 함대함 전투와 함대지 전투가 있다(함대공 전투도 있지만 이 당시는 비행기가 없어서 제외). 함대함 전투는 쉽게 말해 배와 배가 싸우는 전투이고 함대지 전투는 배 위에서 포탄을 쏴 육지에 있는 적을 섬멸하는 방법이다. 이중 이순신은 함대함 전투를 선택했고 그의 선택은 옳았다.

사실 이순신이 선택한 함대함 전투도 위험이 있었다. 만일 왜의 배가 조선 수군 판옥선 가까이 붙는다면 그들이 가장 잘하는 등선육박전술(배에 올라타 칼로 싸우는 것)을 펼칠 수 있었기 때문이다. 이렇게 되면 조선 수군의 승리도 장담하지 못하는 상황이다. 그런데도 이순신은 함대함 전투를 선택했다. 그 이유는 두 가지를 들 수 있다.

첫 번째로는 조선 수군이 우세한 화력이다. 당시 조선 수군의 전투선이 판옥선에는 포를 실을 수 있을 정도로 강했고, 제자리에서 360도 회전이 가능했다. 반면 일본 수군은 화포를 실을 수도 없었고 제자리 회전도 불가능했다. 그래서 함대함 전투 시 적에게 거리만 안 준다면 조선 수군이 우세할 수 있는 상황이었다.

두 번째로는 이순신이 백성들의 입장에서 본 것이다. 백성들의 입장에서 바다 한가운데서 육지로 포 사격을 한다면 왜적도 죽일 수 있겠지만 무고한 백성들이 희생될 수 있다. 또한, 조선 수군의 포 사격에 왜군이 내륙 깊숙이 후퇴하면서 그 보복으로 조선 백성들을 무참히 살해할 수도 있었다. 반면 왜적을 바다 한가운데로 유인해서 함대함 전투로 한다면 왜군의 배가 파괴되더라도 왜군들은 바다에 빠질 수밖에 없고 육지로 수영해 가는 것도 힘들기 때문에 무고한 백성들이 희생될 확률은 그만큼 줄어드는 것이다. 이런 것을 종합해 볼 때 이순신의 함대함 전투 선택은 옳은 것이었다.

'성웅'으로 불리는 충무공 이순신. 그의 23전 23승에는 그의 특유한 전략뿐 아니라 백성들의 입장에서 생각하는, 즉 상대방의 입장에서 생각하는 마음이 있었기 때문에 가능한 것이었다.

'역지사지易地思之'라는 한자 성어가 있다. 이 말의 뜻은 말 그대로 '입장을 바꿔서 생각해 보라'는 것이다. 내가 상대와 대화하기 전 상대의 입장에 서서 나를 바라보라. 그러면 상대가 원하는 것이 무엇이고 내가 할 수 있는 것이 무엇인지 뚜렷하게 나타날 수 있다. 이런 과정을 거친 후 내가 이야기한다면 상대와의 다툼은 없을 것이고 소통도 물 흐르듯이 진행될 것이다.

| 상대방의 입장에서 나를 바라봐라 |

흔히 '역지사지'라고 하면 '상대와 입장을 바꿔서 생각해 보라'는 말이라고 생각한다. 이러한 뜻은 반은 맞고 반은 그렇지 않다. 우선 상대의 입장에서 생각해 보는 것은 맞는 말이다. 하지만 상대의 입장에서 생각해 본다고 모든 것이 해결되지는 않는다. 그래서 필요한 것이 바로 '상대의 입장에서 나를 바라보라'는 것이다.

일반적으로 내가 나 자신을 스스로 바라보면 팔이 안으로 굽기 때문에 제대로 나를 바라볼 수 없고, 나를 평가할 수도 없다. 이는 가족 간에도 마찬가지다. 이것을 보완하는 것이 상대방의 입장에서 나를 바라보는 것이다(그렇다고 쳐다보라는 것이 아니라 객관적으로 판단하라는 것이다). 제3자의 입장에서 나를 바라본다면 내가 제3자가 될 수 있다. 내가 제3자가 되면 나를 바라보고 판단하는 것이 보다 더 객관적이고 명확해질 수 있다.

『미움받을 용기』의 작가 중 한 사람인 기시미 이치로는 다른 저서 『행복해질 용기』에서 '다른 사람의 눈으로 보고, 다른 사람의 귀로 듣고 다른 사람의 마음으로 느껴라'는 말을 했다. 이 말은 다른 사람의 입장에서 나를 바라보라는 것과 일맥상통한다. 다른 사람의 입장에 서서 나를 바라보면 그만큼 공감도 잘되고 소통도 잘되기 때문이다.

자신의 척도로 다른 사람을 본다면 자신과 상대방의 차이를 깨닫지 못한다. 그 때문에 상대방에 대해서 오해하게 되고, 그 오해가 두 사람의 관계에 상처를 입힌다. 친하다고 해서 혹은 상대방을 사랑한다고 해서 상대방을 모두 이해할 수 있는 것은 아니다. 이해하지 못하는 것 자체가 문제는 아니다. 실제로 이해하지 못한 채 넘어가는 일도 자주 있다.

진짜 문제는 상대방을 이해하지 못할 수도 있다는 사실을 전혀 인정하지 않는 데 있다. 상대방이 자신과 다른 시각을 갖고 있다는 점을 인정하지도 않고 상대방을 이해하려고 노력하지도 않는 것이 문제다.

그래서 상대방을 이해하기 위해서는 상대방의 입장에 서서 자신을 상대방과 동일시함으로써 상대방에게 공감할 필요가 있다. 이처럼 공감하고 이해한다는 것은 자신을 상대방과 동일시하는 것과 같다.

— 기시미 이치로, 『행복해질 용기』 중에서

'상대방의 입장에 서서 자신을 상대방과 동일시하는 것'은 상대방의 입장에 대해서 공감한다는 뜻이다. 이것은 소통에 필수적이다. 이러한 것은 알프레드 아들러도 강조하고 있다.

극장에서 연극을 관람할 때는 배우의 역할에 공감하며, 책을 읽을 때는 주인공의 대사에 공감한다. 외줄 타기를 하는 곡예사가 줄 위에서 휘청거리면 관객은 마치 자신이 떨어지는 것처럼 소리를 지른다. 수많은 청중 앞에서 이야기하는 강연자의 말문이 갑자기 막히면 그 모습을 보고 있는 사람들도 마치 자신들이 강연자가 된 양 조마조마해진다.

— 알프레드 아들러, 『학교에서의 개인심리학』 중에서

아들러와 기시미 이치로의 예에서도 보듯 상대의 입장에 서서 객관적으로 나를 바라볼 때 제대로 상대에게 공감할 수 있다. 이렇게 상대의 입장에 서서 나를 바라보는 것은 소통의 중요 포인트이다.

Chapter 2
상대방에 대한
정보를 수집하라

| **지피지기 백전불태**知彼知己 百戰不殆 |

'지피기기知彼知己면 백전불태百戰不殆'다. 우리는 이 말을 '지피기기면 백전백승'이나 '지피지기면 백전불패'라는 말로 잘못 알고 있다. 이 말은 손무(손자)가 지은 중국의 병법서인 손자병법에 나오는 말이다. '지피지기면 백전불태'라는 말은 '나를 알고 적을 알면 백 번을 싸워도 위태롭지 않다'는 뜻을 가지고 있다. 그렇다고 이 말이 백전백승이나 백전불패라는 말은 아니다. 단지 나를 알고 적을 안 다면 백 번 싸워도 위험한 상황에 빠지지는 않는다는 것이다.

손자가 살던 시대는 중국에서 한창 전쟁이 자주 일어나던 시대 인 전국시대다. 그래서 전투가 끊이지 않고 발생했다. 이러한 전투에서 조금이라도 아군에게 유리하고자 하는 방법을 찾았던 것이 손자였다. 당시는 군사가 전투력의 대부분을 차지하고 있었기 때문에 군사들을 잃지 않는 것이 중요했다.

그래서 손자가 꺼냈던 전술이 먼저 아군과 적군에 대해서 정확히 파악한 후 전투에 임하는 것이다. 여기서 아군과 적군이란 사람, 무기, 주변 환경을 말한다. 이러한 것들이 아군에게 유리하면 공격하고 불리하면 공격하지 않는 것이 그 핵심이다. 이렇게 하면 백 번을 싸워도 위태롭지 않게 되는 것이다.

여기서 중요한 것은 백 번을 싸워도 위태롭지 않다고 해서 백전백승이나 백전불패를 한다는 것은 아니다. 단지 위기에 빠지지 않는다는 것이다.

하지만 위태롭지 않으면 실수할 확률이 그만큼 줄어든다는 것은 사실이다. 이는 우리가 일상생활에서 접목해 볼 수 있는 부분이다. 우리가 다른 사람과 소통하려고 할 때 그 사람에 대해서 알고 하느냐, 그렇지 않느냐는 소통할 때 엄청난 차이가 난다. 만일 그 사람을 알고 그 사람의 취미나 관심사 위주로 대화하다 보면 상대방도 나에게 호감을 느끼고 자신이 준비한 것보다 더 자세하게 하고 싶은 말을 할 수도 있다. 이렇게 자세히 이야기하다 보면 내가 원했던 결과를 어렵지 않게 얻을 수 있다. 때에 따라서는 그 이상의 결과를 얻을 수도 있다.

반대로 내가 상대방을 조사하지 않은 채 소통한다면 우선 대화 자체가 딱딱해질 것이다. 여기에 대화의 내용도 상대방의 취미나 관심사처럼 부드럽고 가벼운 이야기가 아니라 딱딱한 이야기가 오고 갈 것이다. 일반적으로 딱딱한 이야기를 하다 보면 지루해지기 마련이고 이를 상대방의 입장에서 본다면 강요당하고 있다는 느낌을 줄 수도 있다. 이런 상대라면 절대로 내가 원하는 결과를 얻지 못할 것이다.

이는 데일 카네기도 그의 저서 『인간관계론』에서도 나타난다. 카네기는 타인과의 대화를 원활하게 하기 위해서는 상대방이 좋아하는 것은 찾아 조사하고 이것을 토대로 대화하라고 말한다.

> 뉴욕 최고의 제빵 기업 중 한 곳인 뒤버노이 앤 선즈의 헨리 G. 뒤버노이의 경우를 보자.
>
> 그는 뉴욕의 한 호텔에 상품 거래를 하려고 애를 썼다. 그는 4년간 매주 그곳의 담당자를 찾아갔다. 그는 그 담당자가 참석하는 친목 행사에 꼭 참석했다. 심지어 거래 성사를 위해 그 호텔에서 방을 잡아 장기 투숙한 적도 있었다. 그러나 그가 한 모든 행동은 실패했다. 뒤버노이 씨가 말했다. "인간관계에 대해 배우고 나서 저는 전략을 바꾸기도 했습니다. 저는 이 사람이 흥미 있어 하는 것을 찾아내기로 했습니다. 그의 열정을 사로잡은 일을 말입니다. 저는 그가 미국 호텔 영접인 협회라고 하는 호텔 직원 모임에 소속되어 있다는 것을 알았습니다. 그는 소속되어있는 것뿐만 아니라 넘치는 열정으로 회장과 국제 영접인 협회

회장까지도 맡고 있었습니다. 그는 아무리 멀리서 회의가 열리더라도 반드시 참석했습니다.

다음 날 제가 그를 만났을 때, 저는 영접인 협회에 대해 이야기하기 시작했습니다. 그의 반응은 놀라웠습니다. 그는 30분 이상 흥분하며 협회에 관한 이야기를 했습니다. 그 단체는 그의 취미이자 인생의 열정을 바친 곳이라는 것을 똑똑히 알 수 있었습니다. 그는 내가 자리를 뜨기 전에, 그 단체의 찬조회원으로 가입시켰습니다. 그러나 며칠 후에, 그 호텔의 사무장이 전화를 걸어 빵의 샘플과 가격을 요청했습니다.

'그 나이 든 어르신을 어떻게 한 건지 모르겠소.' 사무장이 반갑게 인사하며 말했습니다. '어쨌든 사장님 마음이 당신에게 넘어간 것만은 분명합니다.' 생각해 보십시오. 저는 그 사업을 성사시키려고 4년이나 그를 쫓아다녔습니다. 만일 그가 어디에 관심이 있는지, 그가 어떤 것을 말하고 싶어 하는지 알지 못했다면 저는 아마 아직도 여전히 그를 쫓아다니고 있을 겁니다."

— 데일 카네기, 『인간관계론』 중에서

이처럼 나를 알고 상대를 아는 것 이것은 우리가 소통할 때 가장 부족한 부분이자 필요한 부분일 것이다.

| 나를 제대로 파악하라 |

일반적으로 '지피지기'라고 하면 상대를 먼저 파악하는 것으로 알고 있다. 그러나 아무리 상대를 제대로 파악했더라도 나 자신은 제대로 파악하지 못했다면 도로아미타불이다. 전쟁이나 스포츠를 보면 아무리 내가 상대를 잘 파악했더라도 나 자신을 제대로 파악하지 않으면 패배와 연결된다.

제2차 세계대전 당시 구소련은 핀란드를 침공했다가 대패를 당한 적이 있다. 지도를 보면 소련과 핀란드는 국경을 맞대고 있고 기후도 북극권에 있어서 비슷하다. 이 당시 출정한 소련군은 모스크바 근교에 있던 부대이다. 소련도 마찬가지로 겨울이 되면 핀란드처럼 혹독한 추위가 찾아온다. 그런다면 왜 기후도 비슷한 소련이 핀란드를 침공해서 패배를 당했을까? 여기에는 소련이 미처 파악하지 못한 것이 한 가지가 있었다.

소련(핀란드를 침공했던 부대)은 핀란드의 기후는 제대로 파악했어도 핀란드의 지형을 제대로 파악하지 못했다. 소련, 그러니까 핀란드를 침공했던 부대는 주둔지도 평지이고 전투고 평지에서 했다. 하지만 핀란드의 지형은 산림으로 우거져 있었다. 이 때문에 소련군 입장에서는 전투방법을 기존에 사용하던 방법에서 핀란드 지형에 맞는 것으로 바꿔야 했다. 그런데도 소련군은 자신들이 평지에서 하는 방법 – 모든 무기를 드러내 놓고 하는 방법 – 을 그대로 핀란드에서 사용했다. 이것이 바로 소련의 패착이었다.

일반적으로 삼림이 우거진 지역은 매복하기가 좋고 한꺼번에 많은 무기나 군사들이 이동할 수 없다. 따라서 중요한 지역에 인원을 매복한 뒤 기습하면 매우 효과적이다. 그래서 공격하는 입장에서는 적의 매복을 생각하고 해야 한다. 이런 당연한 이치를 소련은 간과했고 그대로 패전으로 이어졌다.

구소련의 핀란드 침공 실패. 이것은 핀란드의 지형을 제대로 파악하지 못한 것도 있지만 그보다 더 중요한 것은 자신들을 제대로 파악하지 못했다는 것이다.

만일 구소련이 핀란드를 침공하기 전 좀 더 자신을 제대로 파악했더라면 결과는 다르게 나왔을 것이다. 물론 이러한 가정은 사후약방문(이미 때가 지난 후에 대책을 세우는 것은 소용이 없다는 뜻)에 지나지 않지만, 단적으로 상대를 파악하기 전에 나를 제대로 파악하는 것이 얼마나 중요한지 보여주는 것이다.

이러한 것은 우리가 소통할 때도 적용할 수 있다. 본격적인 대화하기 전에 상대와 나(특히 나 자신)을 제대로 파악한다면 도움이 될 수 있다. 상대의 성격과 취미가 어떠하느냐에 따라 그에 맞는 대응방법을 모색할 수 있다. 이때 그 상황에 나를 한 번 대입시켜보라. 그러면 그 상황에서 내가 어떻게 해야 하고 상대방의 입장이 어떤지 파악할 수 있다. 이렇게 어려움 없이 소통할 수 있다.

| 상대방의 정보를 수집하라 |

'나'를 제대로 파악했다면 다음 단계로는 상대를 제대로 파악해야 한다. 나를 제대로 파악하는 것이 가장 중요하지만, 이는 소통의 절반에 지나지 않는다. 그래서 중요한 것이 상대에 대한 정보를 제대로 수집하는 것이다. 상대방에 대해 알고 대화를 하느냐 그렇지 않느냐는 당장에는 얼마 차이가 나지 않겠지만, 대화하다 보면 차이가 크게 난다.

'지피지기면 백전불태'라는 말을 했던 손자는 나를 제대로 파악하는 것만큼 상대방을 제대로 파악하는 것이 중요하다고 했다. 또한, 상대방을 제대로 파악하는 것이 쉬운 일은 아니라고 했다. 손자가 살던 당시는 통신이 전혀 발달하지 않았던 시대였고, 크고 작은 전쟁이 끊이지 않은 시기였다. 이 시기 가장 중요한 것은 전쟁에서 이겨 살아남는 것이었다. 전쟁에서 이겨 살아남기 위해서는 상대에 대한 파악이 중요했다. 그러나 당시 상대를 파악하려면 적에게 첩자를 파견하거나 적에게 불만이 많은 사람을 매수해서 알아보는 것이 전부였다. 이런 상황에서는 적을 제대로 파악하는 데 시간이 걸릴뿐더러 정확성도 떨어졌다. 그래서 손자는 상대를 제대로 파악하는 것이 중요하다고 한 것이다.

상대를 제대로 파악하는 것은 전시뿐만 아니라 평시에도 유용한 것이다. 옛날이나 오늘날이나 우리는 나와 상대가 협력하는 – 이를테면 회의 같은 것 – 경우가 많다. 상대와 협력할 때 예나 지금이나 중요한 것이 상대를 제대로 파악하는 것이다. 통신이 제대로 발달하지 않았던 시대에는 일일이 사람을 찾아다녀야 했고 이마저도 교통이 발달하지 않아 시간이 오래 걸렸다. 이는 편지 같은 문서를 전할 때도 사람을 통해서 전달했기 때문에 마찬가지였다.

하지만 오늘날에는 이러한 것이 아주 편해졌다. 상대를 알기 위해서 군이 일일이 찾아다니지 않아도 된다. 전화 통화를 하든지 인터넷 검색을 하면 그 사람에 대한 정보를 얼마든지 찾을 수 있다.

그럼에도 예나 지금이나 상대를 제대로 파악하는 것은 중요하고, 또 쉬운 일이 아니다. 그리고 상대를 파악할 때 가장 중요하게 생각하는 것이 성격, 취미, 관심사라는 것도 변하지 않았다. 이런 자료를 바탕으로 소통을 통해 목적한 바를 이루는 것도 마찬가지다.

이는 애플의 창업주이자 CEO였던 스티브 잡스와 디자인 총괄 책임자인 조나단 아이브의 일화에서 알 수 있다.

2000년대 초 잡스는 MP3플레이어인 아이팟 제품 출시를 두고 고민이 깊었다. 디자인을 중요시하던 시기에 나왔던 제품의 심플한 디자인이 문제였다. 이때 그를 도와준 것이 아이브였다. 아이브는 잡스에게 "사람들의 성격은 예나 지금이나 복잡한 것보다 단순한 것을 좋아하고 실용적인 것을 좋아한다"고 말했다. 또한, 아이브 자신도 복잡해서 사용하기 힘들면 사지 않을뿐더러 사용하지도 않을 것이라고 했다. 이 말을 들은 잡스는 제품에 대한 확신이 생겼고 대박을 터트린 것이다.

조나단 아이브가 소비자들의 심리를 정확히 꿰뚫고 있었던 것이 중요했고, 이를 잡스에게 잘 설득했던 것이다. 또한, 아이브가 잡스의 가려운 곳을 잘 긁어줬던 것이다. 이처럼 상대를 정확히 파악하는 것은 소통에서 절대로 빠져서는 안될 부분이다.

| 수집한 정보를 토대로 분석하라 |

나를 제대로 파악하고 상대의 정보를 제대로 수집했다고 해서 모든 것이 끝나는 것은 아니다. 특히 상대방에 대한 정보라면 더욱 그렇다. 따라서 상대방의 정보를 수집했다면 그것을 토대로 분석하는 작업이 필요하다. 상대방의 자료 중에는 정말 필요한 것과 필요하지 않은 것이 뒤섞여 있기 때문이다.

그리고 상대를 속이기 위해 거짓 정보를 흘리는 것을 많이 보아왔다. 이 때문이라도 상대의 정보를 분석하는 것이 중요하다. 만일 내가 거짓 정보를 수집해서 상대와 대화한다면 이는 상대에게 꼼짝없이 당하는 꼴이 된다. 또한, 잘못된 정보로 인해 더 이상 소통이 되지 않을 수도 있다.

우리가 소통을 제대로 하기 위해서라도 반드시 상대의 정보에 대한 분석은 필요하다. 상대에 대한 정보를 모았다면 현재 상대가 원하는 것이 무엇이고 관심사가 무엇인지 정확하게 분석을 해야 한다. 그렇지 않다면 소통에 어려움을 겪을 것이다. 또한, 상대방에 대한 정보를 제대로 분석하면 나의 적절한 대응 방법도 나올 수 있다.

이를 잘 활용한 사람이 바로 소프트뱅크의 회장 손정의다.

손정의는 어느 날 애플의 CEO 스티브 잡스와 대화를 나누었다.

대화 내용 중에 잡스가 애플이 휴대폰 시장에 진출할 생각이 있음을 내비쳤고, 어떠한 제품을 내놓아야 할지 고민이라고 말했다. 이때 손정의는 현재 판매되고 있는 아이팟 터치에 전화기능을 넣어보라고 했다. 이렇게 하면 좋은 제품이 나올 것이라 확신했다. 그래도 잡스는 포화된 휴대폰 시장에서 틈새를 비집고 들어갈 확신이 없었다. 이 말을 들은 손정의는 내가 일본에 통신 회사를 가지고 있으니 일본에서는 내가 팔아주겠다고 하며 설득했고, 잡스는 손정의의 확신에 믿음을 갖고 제품을 출시했다. 이 제품이 바로 우리가 잘 아는 아이폰이다.

손정의가 잡스와의 대화에서 잡스를 설득한 것, 그 바탕에는 잡스의 고민을 정확히 파악한 것에서 시작되었다. 이처럼 상대에 대한 분석은 나와 상대가 소통을 넘어 서로 원하는 것을 얻을 수 있는 공생으로 가는 길이기도 하다.

Chapter 3

수집된 정보를 가지고
상대와 대화하라

| 수집된 정보 중 현재 필요한 것을 추려라 |

우리가 정보를 수집하다 보면 여러 종류의 정보를 수집하게 된다. 그리고 이중 현재 필요한 것만 걸러내는 작업도 필수적이다. 정보통신이 발달하기 전이라면 정보의 양도 많지 않았을 뿐더러 걸러내기도 현대보다 수월했다. 하지만 현대에는 눈 깜빡하는 사이에도 엄청난 양의 정보가 흘러 들어온다. 이런 많은 양의 정보 때문에 내가 현재 원하는 정보를 추려 내기가 쉽지 않다.

이는 IT 관련 직무를 하면서 많이 느끼는 것이기도 하다. 요즘에는 엄청난 정보가 쏟아지고 언제 어디서나 볼 수 있다. 하지만 정확한 정보를 걸러내는 것은 어려운 일이다. 그래서 수집한 정보를 제대로 걸러내는 능력이 필요한 것이다.

내가 현재 필요한 정보를 추려내기 위해서는 내가 꼭 필요한 정보가 무엇인지, 또 상대가 정말로 원하는 것이 무엇인지 파악해야 한다. 내가 필요한 것과 상대가 원하는 것을 추려내다 보면 중첩되는 것이 있다. 중첩되는 것을 찾아서 상대를 대한다면 소통은 자연스레 잘 이루어질 것이다.

내 친구 G의 여자친구는 현재 봉사활동 동호회 회장을 맡고 있다. 그녀는 한 달에 한 번 수녀원에서 운영하는 보육시설에서 하는 봉사활동 프로그램을 기획한다. 그녀는 가능한 아이들과 같이 어울려서 할 수 있는 것을 기획한다. 이를 테면 아이들과 공원에서 놀거나 농촌 체험하기를 한다. 이것은 일반 사람 입장에서 보면 아주 평범해 보일 수도 있다. 하지만 보육원 아이들은 보통 아이들처럼 부모님의 사랑을 제대로 받아 보지 못하고 자란다. 그래서 보통 아이들이 하는 부모님과 함께 공원에 가거나 주말농장에 가는 농촌 체험은 보육원 아이들 입장에서는 부러워하는 것이다. 이런 것을 잘 파악한 그녀는 한 달에 한 번이라도 보통 부모님처럼 아이들과 밖에서 체험할 수 있는 것을 기획한다.

이렇게 그녀가 봉사활동 계획을 짜는 것은 보육원 아이들이 정말로 원하는 것과 동호회 사람들이 원하는 것 중 중첩된 것을 제대로 파악하는 것에서 시작된 것이다. 그녀가 수집된 정보를 토대로 정확한 파악을 했기 때문에 보육원의 수녀님이나 아이들이 봉사활동 팀이 올 때마다 반기는 것이다. 만약 스펙 쌓기의 목적으로 진정성이 결여된 봉사활동을 했다면 상황을 달라졌을 것이다.

수집한 정보를 제대로 파악하는 것은 봉사활동뿐만 아니라 일상생활에서도 필요한 것이다. 인간은 사회적 동물이어서 상대와의 대화는 필수적이다. 상대와의 원활한 대화를 위해서라도 수집된 정보를 추려내서 상대와 내가 중첩된 것을 찾는 것이 무엇보다 중요하다.

| 필요한 정보를 추렸다면 내 생각을 정리하라 |

수집된 정보 중 필요한 것을 추렸다면 이것을 토대로 재가공해야 한다. 여기서 '재가공'이란 공장에서 하는 재가공이 아니라 추려진 정보를 토대로 이를 상대방의 입장에 서서 정리해보는 것이다. 이 과정에서 단순히 내 생각을 오롯이 상대에게 전할 수도 있다. 하지만 그렇게 되면 상대방이 받아들일 때 내가 원하는 바와 다른 방향으로 받아들일 수 있고, 때에 따라서는 나의 이야기 정도로만 받아들일 수도 있다. 이렇게 되면 해결책을 찾기가 어려워진다.

그래서 필요한 것이 걸러낸 정보를 토대로 내 생각을 정리하되 이를 상대방의 입장에서 한번 바라보는 것이다. 이는 상대방의 입장에 서서 상대방이 원하는 문제를 찾고 원하는 해결책을 제시해주는 것이다. 이렇게 한다면 단지 내 생각만을 전달하는 것이 아니라 상대방이 공감할 수 있는 의견을 전달할 수 있다. 또한, 서로가 원하는 결과도 얻을 수 있다.

이 과정에서 한 가지 선행되어야 하는 것이 있는데 그것은 상대방에 대한 편견과 나의 고정관념을 버리는 것이다. 만일 내가 상대방에 대한 편견을 가지고 내 고정관념대로 바라본다면 상대를 제대로 파악할 수가 없고, 제대로 상대방의 입장에 서서 나를 바라볼 수가 없다. 그래서 나의 고정관념과 상대방에 대한 편견을 버리는 것이 중요한 부분이다.

이러한 것은 고려 시대 거란과의 외교 담판으로 강동 6주를 획득한 서희의 일화에서 알 수 있다. 고려 성종 12년(993년) 거란족이 세운 요나라가 고려를 침공했고, 이때 서희가 적장 소손녕과의 담판에 나서 피 한 방울 흘리지 않고 평화조약을 맺었을 뿐 아니라 영토까지 확장했다. 이 서희의 담판은 서희가 제대로 분석하고 정리했던 것이 있었기에 가능한 것이었다.

원래 당시 요나라의 목적은 송나라를 치는 것이었다. 요 입장에서는 송나라를 공격하려면 대규모 병력의 파견이 필수였고, 여기에다 대규모 병력이 송과의 전투를 하는 사이 이루어지는 후방의 기습도 대비해야 했다. 그리고 한 곳에 집중하기 위해서도 후방의 기습을 사전에 차단해야 했다. 또한, 외부에서 송나라로 가는 지원도 사전 차단해야 했다. 따라서 요의 고려 침공 목적은 점령하는 것이 아니라 고려가 자신들의 후방을 치는 것을 사전 차단하는 것은 물론 송에 대한 지원을 사전 차단하는 것에 그 목적이 있었다. 이러한 요의 속셈을 서희가 간파했고 회담장에 나갔건 것이다.

담판에서 서희는 소손녕에게 "우리도 요와 교류하고 싶다. 그런데 여진이 앞을 가로막아서 직접 교류하기가 쉽지 않다. 만약 요가 여진을 제거해 준다면 우리는 요와 교류할 것이고, 요와 송과의 전쟁에는 관여하지 않을 것"이라고 말했고, 소손녕은 서희의 제안을 받아들이며 평화조약을 체결했던 것이다.

그리고 강동 6주를 얻은 것도 서희가 소손녕이 자신들이 고구려의 후예라 칭하고 옛 고구려 땅 정복을 정당화하겠다는 말을 하리라는 것을 이미 간파한 것에서 시작된다. 그러기에 서희가 소손녕의 주장에 조목조목 반박하며 승리할 수 있었던 것이다.

서희가 소손녕과의 담판에서 이겼던 이유가 바로 필요한 정보를 추리고 이것을 상대방의 입장에 서서 정리했던 것이다. 이처럼 많은 정보 속에서 필요한 정보를 추리고 이것을 토대로 상대방 입장에서 내 생각을 정리하는 것은 소통에서 양념과도 같은 것이다.

| 정리된 생각을 한 번 더 검토하라 |

필요한 정보를 추리고 상대방의 입장에서 본 내 생각을 정리했다면 이것으로 끝나는 것이 아니라 한 번 더 이를 검토해야 한다. 필요한 정보를 잘 추리고 정리를 잘한다고 해도 무언가가 빠진듯한 기분이 들 때가 있다. 때에 따라서는 이것이 이상하다는 생각이 들 때도 있다. 이때 아주 조그마한 것이라면 그냥 넘어가는 경우가 있다. 그런데 종종 이 조그마한 것이 돌이킬 수 없는 커다란 것이 될 때도 있다.

우리가 생활하면서 볼 수 있는 건물, 댐, 다리 등을 건설하는 현장에서 작은 균열이 발생할 때가 있다. 이때 이 균열을 대수롭지 않게 생각하고 그냥 넘어간다면 돌이킬 수 없는 큰 사고로 이어지곤 한다. 이와 반대로 작은 균열이라도 그냥 넘어가지 않고 보강공사를 통해 튼튼히 한다면 이것은 오래갈 수 있다.

이는 비단 건축물에만 한정되지 않는다. 사회생활을 하는 사람들도 마찬가지다. 특히 중요한 일을 맡았을 때 더 그러하다. 조그마한 것이 문제가 되어 돌이킬 수 없는 상황이 되어 돌아오는 것은 인간 생활에서도 마찬가지다. 특히 전쟁 같은 상황에서 더 두드러진다. 이는 제2차 세계대전의 판도를 바꾼 한 사건에서 알 수 있다.

수많은 인명을 앗아간 인류 최악의 전쟁인 제2차 세계대전. 이 제2차 세계대전의 초반 판세는 독일에게 유리했다. 그들은 '에니그마'라고 불리는 암호 생성기를 가지고 있었다. 독일군은 명령을 전달할 때 이 '에니그마'로 암호화해서 보낸다. 그런데 이 '에니그마'의 암호체계가 복잡해서 이를 해독하기는 거의 불가능한 것이었다. 실제로 '에니그마'에 적용된 경우의 수는 1해 분의 1이었다(1해 = 10의 20승이다). 그럼에도 불구하고 앨런 튜링이 이끄는 영국의 암호해독팀은 이 '에니그마' 암호를 풀고 – 암호를 푸는 데 결정적인 역할을 한 것이 튜링 봄베이다. 영화 '이미테이션 게임'에 나왔던 크리스토퍼의 모델이다 – 전세를 단

번에 역전시켰다. 그리고 튜링은 독일 고위층만이 통신하는 기계인 Z1의 암호도 풀기도 했다. 이때 Z1 암호를 해독하는 데 쓰인 기계가 최초의 컴퓨터인 '콜로서스'다.

그렇다면 불가능에 가까웠던 '에니그마' 암호를 튜링이 이끄는 영국 해독팀이 해독할 수 있었던 이유는 무엇일까? 여기에는 독일군의 사소한 실수 아닌 실수가 있었다. 독일군은 암호문을 보낼 때 습관적으로 마지막에 넣는 문장이 있었다. 그것은 '하일 히틀러'였다. 영국의 해독팀은 이 '하일 히틀러'라는 문장을 통해 실마리를 얻었고 '에니그마'의 세팅값을 알 수 있었다. 물론 세팅값은 24시간 마다 바뀐다. 하지만 하일 히틀러에 중복으로 들어가는 단어인 h, i, l의 루틴을 알면 다른 단어의 루틴도 추측이 가능하다. 이를 토대로 영국 블래츨리 파크에 있는 암호 해독팀은 '에니그마'를 해독했던 것이다.

여기서 만일 독일군이 암호문에 '하일 히틀러'라는 말을 넣지 않았다면 '에니그마' 암호는 쉽게 해독되지 않았을 것이다. (그랬다면 지금과는 다른 끔찍한 상황이 발생할 수도 있었지만) 독일군의 예처럼 사소한 것이 나중에 돌이킬 수 없는 거대한 상황이 되어서 돌아올 수 있다. 그래서 한 번 정리했던 생각도 다시 한 번 처음부터 천천히 되짚어보는 것이 필요하다.

기억하라. 소통을 잘하기 위해서는 사전 준비가 무엇보다 필수적이다. 아무리 사전 준비를 잘했더라도 준비 과정에서 빠트리고 넘어간 것이나 혹은 추가될 수 있는 부분이 있다. 이러한 사소한 것을 지나치다 보면 소통에 어려움을 겪을 수도 있다. 그래서 사전 준비가 끝나더라도 이를 한 번 더 검토해보는 것이 중요하다.

Chapter 4

상대가 처한 입장에서
생각하라

| 현재 상대가 처한 입장을 파악하라 |

일반적으로 소통할 때 가장 필요한 것은 상대방이다. 만일 상대방이 없다면 '소통'이라는 것이 성립되지 않고, 나아가서는 소통이라는 단어 자체가 만들어지지 않았을 것이다. 그래서 소통을 잘하기 위해서는 상대방을 잘 알아야 하고 현재 상대방의 입장이 어떠한지를 잘 파악해야 한다.

만일 상대방의 입장이 어떠한지 파악하지 않고 소통하기 위해 대화한다면 이야기는 핵심을 벗어나 겉돌 것이고 만족할 만한 결과물도 나오지 않을 것이다. 이와 반대로 현재 상대방이 나와의 대화를 통해 무엇을 원하는지를 파악하고 들어간다면 나와 상대방이 핵심을 잘 알고 그에 맞는 해결책을 모색해 볼 수 있다. 때에 따라서는 상대와 내가 깊이 있는 이야기를 함으로써 미처 생각하지 못했던 부분도 이야기할 수 있다. 깊이 있는 내용을 이야기하다 보면 내가 상대방에게 해 줄 수 있는 해결 방법의 범위가 넓어지고 구체적인 해결책을 줄 수도 있다.

또한, 내가 상대방이 원하는 것이 무엇인지 파악하고 대한다면 훗날 내가 고민이 있어 그 사람과 대화할 때도 도움이 된다. 아마 그도 내가 했던 것과 마찬가지로 나에 대해 깊이 생각할 수 있다. 여기에다 내가 깊이 있는 이야기를 할 수 있고, 상대의 구체적인 도움도 받을 수 있다.

이는 정유재란 당시 조선의 '삼도수군통제사'인 이순신과 명나라 수군 도독인 진린의 이야기에서 알 수 있다.

> 정유재란 초기 이순신은 '삼도수군통제사'직에서 파직을 당하고 한양에 끌려가 온갖 고초를 겪다 겨우 풀려나 백의종군을 하게 된다. 이때 이순신의 후임으로 삼도수군통제사가 된 원균이 이끄는 조선함대가 왜군의 계략에 넘어가 칠천량 해전에서 12척 – 이 12척은 칠천량 해전이 있기 전 경상우수사 배설이 도망칠 때 가지고 나온 것이다 – 을 제외하고는 거북선을 포함한 모든 조선의 함선이 궤멸당했다. 칠천량 해전이 패전으로 끝난 후 이순신은 다시 삼도수군통제사로 임명이 된다. 삼도수군통제사 재임명 후

치른 명량해전에서 12척으로 100여 척을 맞선 왜군을 격파했다.

명량해전 후 명나라의 수군 도독 진린이 내려와서 사실상의 조·명 연합군의 지휘를 맡게 되었다. 당시 조선은 오늘날의 전시작전통제권을 명에게 넘겼다. 그래서 전시작전통제권이 조선군에게 없었다. 진린은 명나라의 수군 도독으로 정유재란 당시 조선에 파병된 명 수군의 총사령관이었다. 오늘날로 치자면 전시작전통제권을 명에 넘긴 조선으로서는 당시 명나라 장수의 명령에 따라 군을 움직여야 했다. 이는 수군이라고 다를 것이 없었다. 제아무리 이순신이라고 한들 명 수군 도독의 명령에 따라야 했다. 또한, 전쟁을 빨리 끝내기 위해서라도 명의 도움이 절실히 필요했다.

하지만 남의 나라에 파병된 병사들이 제대로 싸울 리는 없었다. 일례로 명 수군은 절이도 해전에서 이순신이 이끄는 조선 함대의 전투를 방해하는 등 전투에 제대로 참여하지 않았다. 이렇다 보니 조선 수군은 승리해도 어려운 상황이 계속되었고 왜적의 섬멸이 대로 되지 못했다. 이순신 입장으로서도 전쟁을 빨리 종결짓기 위해서는 명 수군의 협조가 절실했다. 명 수군의 협조를 얻으려면 명나라 수군 도독인 진린의 마음을 움직여야 했다.

진린을 움직이기 위한 조건은 진린이 진심을 가지고 움직이게 해야 했다. 그러기 위해서는 진린이 정말로 원하는 것이 무엇인지 파악하는 것이 중요했다. 이순신은 이때 진린이 정확히 무엇을 원하는지 잘 알고 있었다. 진린이 원하는 것은 전공이었다. 장수는 전공으로 인정을 받는 것이기 때문이 전공이 필요했던 것이다. 그래서 이순신은 전투할 때 수급을 진린에게 주고 장계를 올릴 때도 전공을 진린에게 돌렸다. 이렇게 이순신이 진린에게 원하는 것을 해 주자 진린의 마음을 움직이는 데 성공했다.

진린이 이순신에게 마음을 연 후 진린은 항상 작전 계획을 세울 때 이순신과 같이했고 이순신의 의견을 적극적으로 반영했다. 또한, 부하들에게도 이순신을 자신과 같은 대우를 하라고 했다. 이후에 진린이 전투에 적극적으로 참여한 것은 당연한 것이었다.

진린의 여기에 그치지 않고 이순신의 능력을 극찬했다. 이를 단적으로 보여주는 것이 진린이 명 황제에게 보낸 칙서이다. 이 칙서에는 진린이 이순신의 능력을 극찬하는 내용이 들어있었고, 전쟁이 끝난 후 요동으로 보내 오랑캐 – 여기서 오랑캐는 건주여진이다. 이 건주여진이 훗날 세운 나라가 '청'이다 – 를 쳐부수게 하는 것이 좋겠다는 의견도 있었다. 또한, 이순신 전사 후 명 수군 도독 명패를 하사하게 하는 데 큰 역할을 하기도 했다.

이처럼 이순신의 예에서 보듯 상대방의 입장을 파악하고 상대에게 다가간다면 좋은 결과를 얻을 수 있다. 물론 처음에는 여러 다툼이 생기기도 하겠지만 결국에는 서로 이득이 되는 결과를 낼 수 있다. 바로 이것이 소통하는 이유이다.

| 상대방의 입장에서 해결책을 생각해 보라 |

현재 상대가 처한 입장을 파악했다면 상대가 원하는 것이 무엇이고, 문제점(혹은 고민거리)이 무엇인지 알고 있다는 것이다. 상대의 입장을 파악하고 나서는 문제의 해결책을 모색해야 한다. 문제의 해결책을 모색할 때는 내가 상대방의 입장에 서서 상대방이 가장 납득하기 쉽고 이해하기 쉬운 해결책을 찾아야 한다. 그렇지 않고 내 입장에서 해결책을 찾는다면 이는 나에게 최적화된 해결책이지 상대에게 최적화된 해결책이 아니라 상대와 맞지 않을 수 있다.

상대방의 입장에서 해결책을 생각해 볼 때는 철저히 내가 상대방의 입장에 서야 한다. 상대방의 입장에서 관찰하고 생각해야 한다는 것이다. 이는 100% 내가 상대방 속으로 들어가 볼 수 있는 것은 아니지만 상대방의 입장을 이해할 수는 있다. 상대방의 입장에서 본다면 내 입장에서 보는 것보다 객관적으로 상황을 볼 수 있다. 이렇게 되면 더 정확하고 최적화된 해결방안을 모색해 볼 수 있다.

앞서 말했던 소프트뱅크의 회장 손정의가 애플의 CEO 스티브 잡스와 만난 자리에서 아이폰에 대한 영감을 준 것도 손정의가 잡스의 입장에서 보고 느끼고 생각했던 것에서 비롯되었다. 만일 손정의가 자신의 입장에서만 봤다면 그냥 우리가 애플 제품을 팔아주겠다고만 말했을 수 있었고, 그렇다면 세기의 히트작이라 부르는 아이폰은 세상에 나오지 못했을 것이다.

이렇게 철저히 상대방의 입장에서 생각해 보는 것은 우리 역사에서도 찾을 수 있다. 고구려의 20대 왕이자 광개토대왕의 아들인 장수왕은 이를 가장 잘 사용했었다. 장수왕은 79년이라는 긴 기간 동안 재위했다. 이 재위 79년 동안 고구려는 백제의 한성을 공격한 것을 제외하고는 단 한 차례도 전쟁이 일어나지 않았다. 특히 외국이 쳐들어온 전쟁은 한 번도 없었다. 그렇다면 장수왕이 재위하던 79년이라는 긴 시간 동안 외침을 단 한 차례도 받지 않은 이유는 무엇일까?

이것을 알기 위해서는 당시 동북아시아의 상황을 보아야 한다. 당시 고구려와 인접한 중국은 5호 16국 시대라고 해서 아주 혼란한 시기였다. 그래서 중국의 각 나라는 중원을 차지하기 위해서 크고 작은 전투하던 시기였다. 이런 나라들이 중원을 차지하기 위해서는 자신들의 힘도 강해야 하겠지만, 원정을 가 있는 동안 뒤를 치는 것을 조심해야 했다. 그 뒤에 있던 나라 중 가장 강했던 것이 바로 고구려였다. 만일 고구려가 뒤를 친다면 그 나라의 생존 자체가 문제가 되는 상황이었다.

당시 고구려는 동북아시아의 강국으로 군림하던 시기였다. 이 때문에 중국의 여러 나라로서는 고구려를 치는 것은 고사하고서라도 고구려의 공격을 받지 않을까 걱정하고 있었던 것이다. 그도 그럴 것이 장수왕의 아버지인 광개토대왕 때 고구려군이 어떤 모습을 보였는지 잘 알고 있었기 때문이다. 중국의 나라들 입장에서는 다행스럽게도, 장수왕은 아버지와 달리 내정 안정에 힘을 쓰고 있었다. 그래서 장수왕도 내정이 안정되기 위해서는 전쟁을 원하지 않았다. 당시 고구려는 마음만 먹으면 전쟁할 수 있는 힘을 가지고 있었다. 그래서 전쟁을 못 하는 것이 아니라 안 하는 것이었다.

장수왕은 내정 안정을 위해서 인접한 여러 나라와 외교적인 관계를 돈독히 맺어 두었다. 필요하다면 조공을 주고 교류하기도 했다. 여기서 조공이란 고려 시대나 조선 시대에 말하는 조공과는 차이가 있다. 장수왕 시대에는 그냥 선물이라고 하는 것이 낫다. 원래 조공은 상하관계에서 이루어지는 것이다. 하지만 장수왕은 동등한 관계에서 외교를 맺었다. 이 돈독한 우정으로 인해 중국의 그 어느 나라도 고구려를 침략하지는 못했다. 또한, 장수왕이 한성을 공격 했을 당시 백제에서 원병을 요청했을 때도 중국의 여러 나라는 이를 거절했다. 이것만 보더라도 장수왕의 외교가 어떤지 알 수 있다.

장수왕은 내정에 힘을 쏟기 위해서는 무엇보다 주변국과의 관계가 우선이라 생각했다. 만일 주변국이 고구려를 침공한다면 내정에 힘을 쏟고 싶어도 쏟을 수가 없기 때문이다. 이를 위해서 장수왕은 주변국의 상황을 그들의 입장에서 철저히 분석했고 이용했던 것이다. 이것이 탁월한 외교로 이어지면서 재위 기간 단 한 번도 외침을 받지 않았던 것이다.

이는 우리가 상대와 소통할 때도 마찬가지다. 내 입장이 아니라 상대방의 입장에 서서 생각한다면 보다 더 최적화되고 효과적인 해결책이 나올 수 있다.

| '내 생각'이라는 전제로 말하라 |

우리가 상대와 다툼을 하는 이유는 여러 가지가 있을 수 있지만 이를 근본적인 입장에서 본다면 서로의 생각이 맞지 않아서다. 여기에는 무조건 내 의견이 옳다는 생각이 깔려 있어서다. 다툼이 일어나지 않게 하기 위해서는 상대방의 입장을 생각하고 그에 따른 나의 의견을 내놓으면 된다. 이때 '나의 의견'이란 무조건 옳은 것이 아니라 상대에게 조언해 줄 수 있는 것을 말한다.

그래서 내 의견을 이야기할 때는 '내 의견은 옳고, 상대방의 의견은 그르다'는 생각을 버려야 한다. 이러한 것을 하기 위해서는 상대방의 입장이 되어서 생각해야 하고, 상대의 입장에서 본 해결책을 제시해야 한다. 해결책을 제시할 때도 '내 생각'이라는 것을 분명하게 말하고 '이렇게 하면 좋을 것 같다'라고 말하는 것이 좋다. 이렇게 말하면 상대도 내가 무조건 나의 입장만 전달하는 느낌이 드는 것이 아니라 내가 해 줄 수 있는 조언으로 들릴 수 있다. 이때 결정은 상대방이 하는 것이라는 것을 명심해야 한다. 그렇지 않으면 이야기가 다른 방향으로 갈 수 있다.

이렇게 나의 의견이 상대방의 입장에서 거슬리지 않게 전달되면 상대도 내 생각을 토대로 자신의 의견을 제시할 수 있고, 때에 따라서는 해결책을 같이 모색해 볼 수도 있다. 이러한 소통의 방식을 잘 사용한 사람이 바로 세종대왕이다. 세종대왕은 어전회의를 할 때 항상 '경의 의견에 공감한다. 경의 의견이 옳다. 하지만 내 생각은 이러하다'라고 말하며 토론을 한다. 이것은 상대를 존중해 주는 것이고 전적으로 나의 의견만이 옳다는 것을 보여주는 것이 아니다. 이렇다 보니 세종 때 가장 소통이 잘 되었던 것이다.

　나도 가끔 여자친구와 심각한 이야기를 나눌 때가 있다. 일례로 누구에게도 말하지 못하는 고민 같은 것을 이야기할 때가 있다. 이때 우리는 서로 상대의 입장에서 생각하고 해결책을 찾는 방법을 사용한다. 물론 이러한 것은 처음에는 자신만의 의견을 말하는 등 이것이 제대로 되지 않았고 다툼도 많았다. 다툼을 많이 한 뒤 우리는 서로의 입장을 바꿔 가며 생각할 수 있는 시간을 가졌고, 그 후 대화했다. 이렇게 하니 보다 나은 해결책이 나오는 경우도 있었고, 덤으로 사이까지 좋아지게 되었다.

　일반적으로 '소통'에서 나의 의견을 제시하는 것은 중요하다. 하지만 이는 언제나 상대방이 최선의 해결책을 낼 수 있는 조언이어야 한다. '나의 의견'이 무조건 옳다고 주장하는 것은 옳은 방법이 아니다. 따라서 '나의 의견'이라는 것을 상대방에게 정확하게 말하는 것이 중요한 것이다.

Chapter 5

상대방을 존중하라

| 역지사지, 상대방에 대한 존중이다 |

소통은 상대방을 존중하는 것으로부터 시작된다. 내가 상대방을 존중해줌으로써 상대방이 나에게 마음의 문을 열게 하는 것이다. 상대가 마음의 문을 열면 이미 소통의 절반은 성공한 것이나 다름없다. 상대방이 이렇게 자신의 내면에 있는 마음의 문을 열려고 하면 내가 먼저 상대를 존중해 주어야 한다.

상대에 대한 존중은 상대방의 입장에서 생각하는 것, 다시 말해 입장을 바꿔서 생각하는 '역지사지易地思之'에서 시작된다. 내가 상대방의 입장에 서서 그 마음을 이해하고 이야기한다면 상대방은 '내가 상대방으로부터 존중받고 있다'는 것을 느낀다. 이렇게 자신이 존중받고 있다는 생각이 들면 대화하기가 한층 수월해진다. 또한, 대화 도중에 발생하는 생각의 차이로 인한 다툼도 완전히 사라진다고 말할 수는 없지만 이를 크게 줄일 수는 있다.

이를 가장 잘 활용한 사람이 미국의 16대 대통령인 에이브러햄 링컨이다. 링컨이 대통령으로 재임할 시 미국은 남북전쟁으로 혼란스러운 시기였다. 당시 후커 장군이 이끄는 북군은 18일 동안이나 한 번도 승리하지 못한 채 계속 패배했다. 당시의 자료를 보면 사상자의 수는 계속해서 늘어갔고, 수천 명에 달하는 병사들이 탈주하는 상황이 벌어졌다. 이에 민주당은 물론이고 링컨이 소속된 공화당 의원조차 링컨을 탄핵할 움직임을 보였다.

이를 타개하려면 후커를 해임하거나 후커의 마음을 돌리는 수밖에 없었다. 링컨은 후커의 능력을 알고 있었기에 마음을 돌리려고 했다. 그래서 그는 후커에게 한 통의 편지를 작성했던 것이다.

이 편지의 내용은 데일 카네기의 저서 『인간관계론』에서도 인용되어 있다. 편지를 내용을 살펴보면 다음과 같다.

> 나는 귀관을 포토맥 전선의 지휘관으로 임명했습니다. 물론 그것은 확신을 가지고 결정한 일입니다만, 귀관의 방법에 대해 약간 만족스럽지 못한 점이 있다는 것을 헤아려 주었으면 합니다.
>
> 나는 귀관이 아주 용맹하고 훌륭한 군인이라는 것을 굳게 믿고 있습니다. 또한, 정치와 군사를 혼동하지 않는 인물

이라고 확신합니다. 그것은 올바른 일입니다.

귀관은 야망과 의욕을 가지고 있습니다. 이것은 도를 넘지 않으면 유익한 일입니다. 그러나 귀관이 번사이드 장군의 지휘하에 있을 때, 공을 세우는 데 집착한 나머지 명령에 불복종함으로써 국가를 위해 혁혁한 공을 세운 장군의 명예에 중대한 과실을 범했던 적이 있습니다.

나는 최근 귀관이 정치와 군사에 있어서는 독재자가 필요하다고 역설하고 있다고 들었습니다. 물론 나는 귀관을 지휘관으로 임명했습니다. 그러나 결코 귀관의 의견에 동의한 것은 아닙니다.

독재권을 인정하기 위해서는 그것에 의한 성공 역시 보장되어 있어야만 합니다.

내가 귀관에게 희망하는 것은 먼저 군사적으로 성공하는 것입니다. 그 후에는 정부가 전력을 다해서 다른 지휘관과 같이 귀관을 원조하겠습니다. 하지만 군대 내에서 귀관의 언동에 영향을 받아 상관을 비난하는 풍조가 생기면 결국은 귀관 자신에게로 돌아오게 되어 있습니다.

나는 될 수 있는 한 귀관을 원조해서 그와 같은 사태의 발생을 막으려고 합니다. 그런 사태가 발생하면 설령 나폴레옹이라 하더라도 우수한 군대를 만드는 것은 불가능할 것입니다.

지금은 경솔한 행동이나 말을 삼가야 할 때입니다. 경거망

동을 조심하시고 최후의 승리를 얻도록 전력을 다해 주십 시오.

— 데일 카네기, 『인간관계론』에 언급된 링컨의 편지

이 편지를 보면 링컨은 후커 장군의 중대한 과실을 책망하기에 앞서 그를 칭찬하고 있다. 보통 사람이라면 이런 후커의 행동을 비난하고 그를 경질했을 것이다. 하지만 링컨은 이러한 후커 장군에게 최대한 신중하게 편지를 쓰고 있다. 가령 '귀관의 방법에 대해 약간 만족스럽지 못한 점이 있다'는 부분이 그것이다.

링컨은 이 편지에서 후커 장군이 원하는 것을 정확히 꿰뚫고 있었고 그의 입장에서 철저히 생각했다. 후커 장군은 전공을 세워 자신의 명예를 높이기를 원했다. 하지만 이러한 명예도 전쟁에서 승리해야 얻는 것이다. 이러한 것을 링컨은 정확히 알고 있었다. 그래서 링컨은 후커 장군에게 보내는 편지에서 부하의 입장에서 생각해보라고 조언했던 것이다. 자신의 상관이 그 위 상관의 명령에 불복종하는 데 밑에 있는 부하라고 상관의 명령에 불복종하지 말라는 법은 없다. 이렇게 되면 군대의 전투력은 바닥으로 떨어지고 전쟁에서 패할 것은 불 보듯 뻔한 일이다(여기서 명령에 불복종하는 것과 상관에게 자신의 의견을 제시하는 것은 다르다. 특히 상관에게 '당신의 의견에 저도 동감합니다. 하지만 제 생각에는 이렇게 하는 것이 더 좋겠습니다'라고 말하는 것은 명령 불복종이 아니다).

링컨의 편지를 받은 후커는 그 후 전제를 역전시키고 남북전쟁을 북군의 승리로 이끄는 데 일조했다. 이렇듯 링컨의 상대에 대한 존중으로 시작되는 편지가 후커의 마음을 긍정적으로 움직일 수 있었던 것이다. 만일 링컨이 군 통수권자로서 강압적으로 했다면 상황은 달라졌을 것이다.

이러한 것은 우리의 일생생활에서도 마찬가지다. 상대방으로부터 자신이 존중받고 있다고 생각하면 자기가 맡은 역할에서 엄청난 역량을 발휘하기도 한다. 또한, 소통을 하는 데도 군더더기 없고 상대와 마찰을 최소화할 수 있다. 이렇게 되면 서로 좋은 결과를 얻을 수도 있다.

| 존중, 상대방을 이해하는 길이다 |

상대방에 대한 존중, 이 말은 소통할 때 아무리 강조해도 지나치지 않은 말이다. '존중'이라는 말은 영어로 하면 'respect'다. 원래 'respect'라는 말은 '되돌아 보다'라는 뜻이 있다. 즉, 앞에 자신이 행했던 일을 다시 돌아보라는 것이다. 또 한 가지의 뜻은 '상대를 나와 동등하게 대하라'는 것이다. 쉽게 말해 어린아이이든 나이 많은 노인이든 구별 말고 인격을 하진 인격체로 대하라는 것이다.

여기서 혹자는 상대방을 하나의 인격체로 대하라고 하는 데 '스스로 판단하지 못하는 갓난아기나 알츠하이머 환자 같은 경우도 보통 사람과 같이 대할 수 있느냐?'고 할 수 있다. 갓난아기나 어린아이는 아직 인격이 완성되지 않은 상태일 뿐이지 엄연히 하나의 인격체이다. 이는 알츠하이머 환자도 마찬가지다. 판단력이 흐려지고 기억을 하지 못할 뿐 그들도 하나의 인격체인 것이다. 그래서 사람이 사람을 대할 때 누구를 막론하고 저마다의 인격을 가진 하나의 인격체로 대우해 주어야 한다.

이러한 인격체로서의 대우는 소통할 때 더더욱 필요한 것이다. 우리가 소통하다 보면 친구 같은 동등한 위치에 있는 사람하고만 하는 것은 아니다. 때로는 나보다 나이가 많거나 지위가 높은 사람과도 소통하기도 하고, 또 때로는 동생이나 후배 같은 아래에 있는 사람과 하기도 한다. 이때 나보다 나이가 많거나 지위가 높은 사람과 소통할 때는 존중에 대한 문제가 크게 생기지 않는다. 하지만 자신보다 나이가 어리거나 지위가 낮은 사람과 소통할 때는 자신의 나이나 지위 같은 것을 이용해 상대방을 함부로 대하는 경우가 많다. 일례로 직장에서 상사가 부하 직원에게 자신의 지위를 이용해서 인격 모독적인 말을 하는 경우가 이러한 것이다.

따라서 소통을 잘하기 위해서는 아무리 자신보다 지위가 낮고 나이가 어린 사람이라도 그 사람을 하나의 인격체로서 존중해야 한다. 상대를 나와 같은 하나의 인격체로 대하고 그들이 생각하고 말하는 것을 존중해야 한다는 것이다. 다시 말해 나보다 살아온 날들이 적고 경험이 많지 않더라도 그들도 그들 나름의 생각과 내가 하지 못했던 경험해 봤을 수도 있다. 그래서 그들은 하나의 인격체로 존중해 주어야 한다는 것이다. 그들이 하나의 인격체로 존중받고 있다고 생각이 들면 내가 미처 생각하지 못했던 부분이나 해결책을 이야기할 수도 있다. 이렇게 되면 생각의 공유를 통해 자연스럽게 소통이 이루어질 수 있다.

또한, 서로를 존중해 주면 대화할 때 생각보다 잘 풀릴 수 있다. 서로를 존중하는 마음이 바탕이 된다면 서로에게 적대적인 마음이 들어갈 틈이 생기지 않을 것이다. 적대적인 마음이 들어갈 틈이 생기지 않으면 당연히 소통은 잘될 것이다.

이러한 존중은 조나단 로빈슨의 말을 통해 확실하게 알 수 있다.

> 상대방을 이해하라는 것이 무조건 그쪽 의견에 동의하거나 당신이 틀리고 그 사람이 옳다고 말하라는 게 아니다. 그 사람의 말과 행동을 인격적으로 존중해 주라는 뜻이다. 상대방의 입장, 그 사람이 옳다고 믿고 있는 사실을 충분히 그럴 수 있다고 귀 기울이고 받아들이라는 것이다.
>
> ― 조나단 로빈슨

조나단 로빈슨의 말처럼 상대방을 하나의 인격체로서 존중해 주는 것, 이것은 우리가 대화할 때 기본적으로 해줘야 한다. 이를 잘 알고 있음에도 불구하고 우리는 잘 지키지 못하고 있다. 건축물이든 우리 인생이든 기본이 잘 갖춰줘야 튼튼한 상대가 오랫동안 유지될 수 있다. 이는 소통할 때도 마찬가지다. 기본을 잘 실천하는 것이야말로 소통을 잘하는 지름길인 것이다.

| 상대방의 입장을 이해하고 존중하는 것이 소통이다 |

다른 사람의 눈으로 보고, 다른 사람의 귀로 듣고, 다른
사람의 마음으로 느껴라.

— 알프레드 아들러

아들러가 한 이 말은 21세기를 사는 사람들에게도 많은 도움이
되는 말이다. 아들러는 지금으로부터 약 100년 전에 활동했던 사
람이다. 한 세기 전에 사람인 아들러는 왜 '상대방의 입장을 생각해
보라'고 했을까? 아들러가 살던 당시에도 소통이 잘 되지 않았던
시대였을 것이다. 아들러가 활발하게 활동했던 시기는 제1차 세계
대전을 전후한 시기다. 특히 제1차 세계대전이 끝난 후 세계는 말
로 할 수 없을 정도로 피폐해졌다. 이러한 위기 상황을 빠져나오기
위해서 전 세계는 몸부림치고 있었다. 이 때문에 이 시기는 내가 살
기 위해서라면 상대방은 안중에도 없었던 시기였다(물론 현재보다 심
하지는 않았다). 내가 살기 위한 것이 첫 번째였던 터라 상대방의 입장
을 존중하는 것은 어찌 보면 불가능했을지도 모른다.

이 시기 아들러라고 예외일 수는 없었을 것이다. 그런데 이런 아
들러의 생각이 바뀐 계기가 있었으니, 그것이 아들러 자신이 제1차
세계대전에 군의관으로 참전하면서부터다. 당시에는 군의관이 전
투 중 육체적인 부상 입은 병사들을 치료하는 역할을 했었다. 예를
들면 파편이나 총알 제거, 수술과 같은 치료를 했다. 하지만 전쟁터

에 심리적인 공황이나 트라우마를 겪을 병사들을 치료하는 경우는 없었다. 그런데 아들러는 드물게 정신과 의사로서 병사들의 심리 치료를 맡았다.

아들러는 전투 중 부상 당한 병사 중 정신적으로 공포나 트라우마 같은 것을 가지고 있는 사람들을 치료했고, 필요하다면 해당 병사가 현재 맡은 보직이 아니라 정신적인 공포나 트라우마를 최소화할 수 있는 보직으로 변경을 권하는 역할을 했다. 이때 아들러는 병사들의 심리를 치료하면서 많은 병사의 이야기를 들을 수 있었다. 아들러 입장으로서는 병사마다 겪고 있는 트라우마나 공포는 다를 것이고, 이에 따른 처방도 달라져야 한다고 생각했다. 이 과정에서 아들러는 병사들의 목소리에 귀 기울여 들을 수밖에 없었고, 이것이 나중에는 '상대방의 입장에서 생각해야 한다'는 자신만의 생각을 만들게 된 계기가 된 것이다.

여기서 아들러가 말하는 상대방의 입장에서 생각하고 상대방의 생각을 이해하는 것은 '상대방에 대한 존중'이 바탕이 되어야 한다. 상대방에 대한 진정한 존중 없이 상대방의 입장을 생각하고 이해한다면 이는 상대방의 생각 중 껍데기만 이해한 것에 불과하다. 다른 말로 하면 그냥 보기에 대충 상대방의 입장을 이해하는 제스처를 한 것에 불과하다. 이렇게 된다면 나와 상대방의 대화는 어떻게 흘러갈까? 아마도 좀처럼 서로의 의견을 좁힐 수도 없고, 당연히 합의에는 이르지 못할 것이다. 바로 아들러는 이런 것을 경계하면서 위와 같은 말을 한 것이다.

그래서 무엇보다 중요한 것이 진정으로 상대방을 이해하는 '존중'의 입장을 보여야 하는 것이다. 이러한 경우는 '삼국지'에 나오는 그 유명한 '삼고초려三顧草廬'라는 고사에서 알 수 있다. 삼고초려는 유비가 제갈공명을 얻기 위해 그의 초가집으로 세 번 찾아갔다는 것에서 유래한 것이다.

삼고초려를 한 당시 유비의 나이는 50대였고, 제갈공명의 나이는 20대에 불과했다. 다른 말로 하면 제갈공명은 유비의 아들뻘 되는 사람이었다. 이런 아들뻘 되는 사람을 유비가 세 번이나 찾아간 것을 보면 분명 제갈공명은 뛰어난 지혜를 가진 인재였음에는 틀림이 없었다. 사실 유비 같은 조직을 이끄는 리더의 입장이라면 부하를 제갈공명의 집에 보내서 정중히 모시고 오면 될 일이다. 하지만 유비는 진심으로 제갈공명의 지혜를 얻기 원했고, 나이는 자신보다 어렸지만 존중하는 마음이 있어 직접 찾아간 것이다.

물론 부하를 시켜 제갈공명을 모셔 왔어도 유비는 그의 지혜를 빌릴 수 있었을 것이다. 하지만 우리가 알고 있는 정도의 지혜는 빌리지 못했을 것이다. 만일 부하를 시켜 모시고 온다면 말을 전달하는 과정에서 와전될 수도 있고 이렇게 되면 제갈공명 입장에서는 기분이 좋지 않을 수도 있었을 것이다. 이 때문에 유비는 제갈공명을 직접 찾아간 것이고, 두 번이나 거절을 당했음에도 정중한 마음으로 찾아가서 결국 그를 얻었던 것이다.

이러한 것은 고대에만 있었던 것은 아니다. 현대에도 마찬가지로 적용된다. 요즘 인터넷의 발달로 세계는 매우 가까워졌다. 이 때문에 자리에 앉아서도 인재를 찾아볼 수 있다. 그런데도 필요하다면 유비처럼 직접 찾아가거나 전화해서 인재를 얻는 경우도 있다. 대표적인 사람이 얼마 전까지 잉글리시 프리미어 리그의 명문 팀인 '맨체스터 유나이티드'의 감독을 했던 알렉스 퍼거슨(Sir Alex Ferguson)이다.

2005-06 시즌을 앞둔 퍼거슨은 많은 고민이 있었다. 특히 전 시즌인 2004-05 시즌에 우승컵을 하나도 들어 올리지 못한 채 무관으로 마쳤다. 당시 맨체스터 유나이티드가 출전한 대회는 잉글리시 프리미어 리그, FA컵, 리그 컵, UEFA 챔피언스 리그였다. 그래서 하나의 우승컵이라도 들어 올리기 위해서는 전력 보강이 시급했고, 특히 공격과 수비에 적극적으로 참여하고 체력이 강한 선수 영입이 시급했다. 이때 그의 레이더에 네덜란드 에레디비시에(네덜란드 1부 리그)의 PSV 에인트호벤에서 뛰고 있는 한 선수가 눈에 들어왔다. 그 선수는 2004-05 시즌 UEFA 챔피언스리그에서 공·수에 걸쳐 맹활약하며 소속팀인 PSV 에인트호벤을 4강으로 이끌었다.

당시 퍼거슨은 이 선수를 보기 위해 몇 차례 직접 경기장을 찾아 관찰했고, 2004-05 시즌이 종료되자 영입을 결정했다. 퍼거슨은 그를 영입하기 위해 직접 경기를 보러 가는 것은 물론 전화해서 '같이 하자'고 했다. 이런 퍼거슨의 마음은 적중했고, 연봉을 많이 주겠다는 아스널과 첼시의 구애를 뿌리치며 이 선수는 맨체스터 유나이티드와 계약했다. 이 선수가 바로 우리가 잘 아는 박지성 선수다.

박지성 자신도 당시 맨체스터 유나이티드로 가게 된 계기가 퍼거슨의 전화였다고 한다. 퍼거슨은 당시 따듯한 목소리로 박지성을 존중해 주었고 팀에 꼭 필요한 선수라고 이야기했다. 이에 마음의 문을 연 박지성이 맨체스터 유나이티드의 유니폼을 입은 것이다.

만약 퍼거슨이 첼시나 아스널처럼 박지성을 대했다면 결과는 아마도 박지성을 놓쳤을 것이다. 하지만 퍼거슨은 막내아들 정도 나이인 박지성을 진심으로 존중해 주었고 이것이 좋은 결과로 이어졌다.

이처럼 상대방의 진심으로 존중한다면 귀한 금, 은과 같은 재화로 유혹하는 것보다 더 좋은 결과를 낼 수 있다. 우리가 소통할 때도 마찬가지다. 소통을 잘할 수 있는 가장 강력한 무기는 상대방을 진심으로 존중하는 마음인 것이다.

Chapter 6

역지사지,
소통으로 가는 지름길이다

| 내가 먼저 상대의 입장을 생각하라 |

소통은 혼자가 아닌 최소 2명 이상의 사람이 있어야 가능하다. 그렇지 않고 혼자 있다면 소통은 이루어질 수도 없고, 필요도 없다. 물론 혼자 있을 때 나 자신의 내면과 대화를 통해 소통할 수도 있지만, 타인과 하는 것과는 차이가 있다. 그래서 중요한 것이 소통하는 당사자들이 서로의 입장을 이해하는 것이 중요하다. 이때 많은 사람은 상대방이 나의 입장을 먼저 생각해 주기를 바란다. 이는 상대방도 마찬가지일 것이다. 이런 상황이라면 더 이상의 소통은 진행될 수 없다. 이 때문에 상황을 진전시키기 위해서라도 내가 먼저 상대방의 입장이 되어 생각해 보고 느껴보는 것이 중요하다. 내가 먼저 상대방의 입장을 생각하고 이해해 준다면 상대도 마찬가지로 나의 입장을 생각하고 이해해 줄 것이다. 이렇게 되면 소통을 하기에 큰 무리가 없을 것이다.

그렇다면 어떻게 내가 상대방의 입장을 알 수 있을까? 우리는 상대방과 대화할 때 대화의 목적이 무엇인지 바로 알 수 있다. 이를 테면 가벼운 농담 정도의 대화라면 상대의 목소리는 쾌활하고 힘이 있을 것이고 나 또한 가벼운 농담으로 대화할 수 있다. 이때는 보통 거의 장소에 구애받지 않고 할 수 있다. 반대로 심각한 일을 논의할 목적이라면 상대의 목소리는 가라앉게 마련이다. 특히 상대가 가라앉은 목소리로 긴히 할 이야기가 있다고 내게 다가와서 말하거나 전화로 연락이 오면 십중팔구 '무슨 일이냐?'고 물을 것이다. 그러면 상대는 나와 단둘이서 이야기할 수 있는 곳에서 대화하길 원한다.

그리고 상대와 나는 약속 시간과 장소를 잡고 대화한다. 이것이 정해지면 어느 정도의 시간이 남게 되어 있다. 보통은 약속 장소에 가기까지 넉넉하게 시간을 확보한다. 바로 이 시간, 약속 장소로 이동하는 시간에 생각을 정리할 수 있다. 이 시간에 상대가 나에게 와서 할 이야기의 목적이 무엇이고, 왜 나에게 고민을 이야기했는지 생각해 볼 수 있다. 이 생각을 정리할 시간에 상대의 입장에 서서 생각한다면 상대에게 더 좋은 해결책을 생각해 낼 수도 있다.

생각이 정리되었다면 남은 시간 동안 한 번 더 생각을 재점검해 보라. 혹시 빠트린 것이 있는지, 아니면 더 좋은 방법이 있는지 점검을 해보라. 그러면 한 번 더 상대의 입장을 생각해 볼 수 있고, 더 나은 해결책을 찾을 수도 있다.

이렇게 상대방의 입장에서 본 내 생각을 정리하고 상대를 만난다면 더욱 수월하게 대화할 수 있고, 상대방도 내 입장이 되어서 내가 이 상황에서 할 수 있는 도움이 무엇일지도 생각해 볼 수 있다. 이렇게 되면 나와 상대가 서로 이득이 될 수 있는 이른바 '윈윈(win win)'이 되는 상황으로 결론을 이끌 수 있다.

이러한 것은 일상생활에서 경험할 수 있는 모든 문제에 대해서도 적용할 수 있다. 이를 테면 생업 같은 곳에서도. 일례로 『무지개 원리』의 저자 차동엽 신부는 다른 저서 『희망의 귀환』에서 자신이 뉴욕에서 직접 보고 들은 한국인과 유대인 차이점을 '역지사지'에서 찾고 있다.

> 몇 년 전 미국 순회강연을 갔다가, 한번은 뉴욕에서 이런 이야기를 들었습니다.
>
> "한국 사람 참 똑똑합니다. 유대인들도 두 손을 들 정도입니다. 일대일로 경쟁하면 항상 한국 사람들이 이깁니다. 하지만 규모가 큰 사업의 주인은 거의 유대인들입니다. 왠지 아세요? 그들은 십시일반으로 자금을 모아서 자본을 결집시키기 때문입니다."
>
> 군이 설명도 토도 필요하지 않은 현상임을 모두가 공감할 것입니다. 하지만 이 말은 나에게 사그라지지 않는 안타까

움을 남겼습니다. 그러던 차, 모 일간지에서 이보다 더 쓰린 개탄을 접했습니다. 내용인즉슨, 유대인 상권에 한국인이 들어와 가게를 열면 장사를 하고 있던 유대인이 바짝 긴장하는데, 한국인이 한 명 더 들어와 장사를 시작하면 마음을 놓는다는 것이었습니다. 부지런하기로 유명한 한국인은 그 특유의 근면성과 성실함으로 유대인들의 생존을 위협하지만, 한국인이 한 명 더 들어오면 오히려 그들끼리 서로 경쟁하느라 얼마 못 가 둘 다 파산하고 만다는 것입니다.

— 차동엽, 『희망의 귀환』 중에서

유대인들이 오랫동안 뉴욕에서 상권을 지키고 잘 사는 이유는 무엇일까? 미루어 보건대 바로 그들은 상대의 입장에서 생각하는 것이다. 미국은 여러 민족으로 이루어진 다민족 국가이다. 그래서 같은 민족끼리는 유대감이 있다. 또한, 이역만리 이국땅에서 잘 살고 싶어 하기도 한다. 낯선 땅에서 처음 와서 터 잡고 살기 위해서는 기존에 살고 있는 사람들의 도움이 필요하다. 이것이 같은 말을 쓰는 민족이라면 더더욱 반가운 것이다.

유대인들이 상권을 이루고 잘 사는 이유는 상대방도 나처럼 잘 살기 위해서 가게를 열었고, 나의 도움이 필요하다는 것을 알고 그것을 실천하기 때문이다. 이는 반대로 생각해보면 상대가 같은 말을 쓰는 민족인 나의 도움을 원한다는 것이다. 이런 것을 유대인들은 잘 알고 실천하는 것이다.

반면 한국인들은 상대도 잘살아보겠다는 기본적인 것과 그러기 위해서 나의 도움이 필요하다는 것을 인지하지 못하고 실천하지 못했기 때문에 서로 나만 살겠다고 비난하고 이것이 모두의 파산으로 이어지는 것이다. 만일 비난하기 전에 한 번이라도 상대의 입장을 생각해 봤다면 상황은 달라질 수도 있었을 것이다.

이처럼 소통에서 상대방의 입장을 생각하는 '역지사지'의 정신은 중요한 것이다. 이 역지사지를 내가 먼저 실천한다면 상대방도 나에게 마음의 문을 열고 나와 진심으로 대할 것이고, 이것이 진정한 소통으로 이어지는 것이다.

| 상대방의 입장을 이해하고 대화하라 |

소통할 때, 특히 내가 상대의 이야기를 들어줄 때 아무런 반응을 하지 않는다면 상대 입장에서는 내가 자신의 이야기를 제대로 듣고 있는지 그렇지 않은지 판단하기 힘들다. 그래서 상대방이 이야기할 때 적절한 반응을 해줘야 한다. 이때 상대의 입장을 이해하고 반응을 한다면 그렇지 않은 경우보다 더 상대가 공감할 수 있다.

상대의 이야기에 공감하는 것도 소통의 기술 중 하나이다. 상대의 이야기에 내가 공감하려면 먼저 해야 하는 것이 상대의 입장을 이해하는 것이다. 상대의 입장이 어떠한지 미리 파악하고 대화를 하면 상대의 이야기에 공감하기가 더 수월해질 것이고, 나도 제대로 된 반응을 보일 수 있다. 만일 상대를 전혀 파악하지 않고 대화하다가 내가 공감의 의미로 어떠한 제스처를 했을 때 오히려 그것이 상대를 자극할 수 있는 경우가 있다. 이런 상황에서는 오히려 내 생각과는 다르게 대화가 좋지 않은 방향으로 흐를 수 있다. 이렇게 되면 더 이상 소통이 진전되기 힘들 것이다.

그렇다면 상대의 입장을 이해하려면 어떻게 해야 할까? 상대의 입장을 이해하기 위해서는 사전 준비가 필수적이다. 상대가 나에게 고민을 털어놨을 때 현재 상대의 상황이 어떠한지, 왜 그런 상황을 맞이하게 되었는지 알아봐야 한다. 이것이 상대에 대한 사전 준비이다. 사전 준비가 끝나면 이것을 토대로 다시 한 번 나의 입장을 정리해 보는 것이다. 물론 나의 입장을 정리할 때도 상대방의 입장에서 바라보는 것이 중요하다. 이렇게 사전 준비를 한다면 소통에 효과적일 수 있다.

나도 이런 사전 준비가 도움을 준 사례가 있다. 어느 날 막내 고모의 둘째 아들 – 나에게는 고종사촌 동생이 되는 – 이 급한 일로 나에게 전화했다. 전화의 내용은 나에게 돈을 빌려달라는 것이었다. 내가 이 전화를 받았을 때 다른 경로로 그의 회사가 어렵고 월급을 제대로 받지 못했다는 것을 알았다. 월급을 받지 못해서 생활이 어려운 것은 뻔한 일이었고 이러한 것을 자기 부인에게 말하기는 힘들었을 것이다. 이런 사정을 내가 알고 있었기에(물론 이 이야기는 나에게는 말하지는 않았다) 그에게 조건 없이 빌려주었다. 사정이 좋아지면 갚아도 되고, 내가 제수씨에게 말하지 않는다는 조건과 함께. 만일 내가 고종사촌 동생의 사정을 몰랐다면 다른 곳에서 빌려 보라고 말했을 수도 있다. 하지만 나는 미리 그것을 알았기에 조건 없이 그리고 큰 다툼 없이 빌려준 것이다. 이것으로 인해 그와 나는 사이가 더 좋아졌다.

이처럼 내가 상대에 대해 비리 준비하고 상대의 입장을 이해한다면 큰 다툼이 일어나지 않고 일이 잘 마무리될 수 있다. 이러한 점은 데일 카네기도 강조하고 있는 것이다. 그의 저서인 『인간관계론』에도 이러한 것이 나와 있다.

예전에 내가 『작은 아씨들』의 작가인 루이자 메이 엘코트에 대한 방송을 한 적이 있다. 그래서 자연스럽게 나는 그녀가 메사추세츠 주의 콩코드에 살면서 자신의 불후의 명작을 썼다는 사실을 알게 되었다. 그러나 내가 지금 말한 것을 생각하지도 않고 나는 뉴 햄프셔 주의 콩코드에 있는 그녀의 집을 방문했다고 했다.

내가 딱 한 번 뉴 햄프셔라고 말했다면 아마 용서받았을지도 모른다. 그런데 아! 나는 두 번이나 그렇게 말해버렸다. 나에게 신랄한 편지와 전보가 마치 무방비 상태인 내 머리에 벌떼처럼 몰려오듯이 쇄도했다. 모두가 다 분개한 내용들이었다. 어떤 편지는 모욕을 주기도 했다. 메사추세츠 주의 콩코드에서 자라 이제는 필라델피아에 산다는 한 부인은 내게 자신의 타오르는 화를 감추지 않았다. 그녀는 만약 내가 엘코트 씨가 뉴기니 출신의 식인종이라고 했어도 이렇게까지 화나지 않았을 것이다.

…(중략)…

나는 바보가 되고 싶지 않았다. 그래서 그녀의 적개심을 호감으로 바꿔놓기로 마음먹었다. 그건 일종의 도전이자 내가 참여할 수 있는 게임이었다. 나는 내 자신에게 이렇게 말했다. "무엇보다 내가 그녀라면, 나는 아마 그녀와 똑같이 느꼈을 거야." 그래서 나는 그녀의 입장에서 생각하기로 결심했다. 그다음에는 필라델피아로 가서 그녀에게 전화를 걸었다. 통화 내용은 다음과 같았다.

나　아무개 부인이시죠, 몇 주 전에 저한테 주신 편지에 감사 인사를 전하고 싶습니다.

부인　(가시 돋친 듯하면서도 교양 있고 예의 바른 목소리로)전화 거신 분은 누구시죠?

나　저를 잘 모르실 겁니다. 저는 데일 카네기라고 합니다. 부인께서 몇 주 전에 제가 루이자 메이 엘코트에 대해 언급한 방송을 보셨지요? 저는 그 작가가 뉴햄프셔 주의 콩코드에 산다고 말한 엄청난 실수를 저질렀습니다. 정말 너무나 바보 같은 실수를 저질렀고 그 점에 대해 사과의 말씀을 드리고자 합니다. 시간 내서 저에게 편지 써주신 점 감사드립니다.

부인　카네기 씨, 그런 편지를 보낸 것은 죄송하게 생각합

니다. 제가 잠시 이성을 잃었나 봅니다. 제가 사과
드립니다.

나 아뇨! 아닙니다. 부인이 사과하실 일이 아닙니다. 제
가 사과를 드려야죠. 학교에 다니고 있는 아이들도
제가 말하는 것보다는 더 잘 알고 처신했을 겁니
다. 제가 돌아온 일요일 방송에서 사과드렸습니다
만 부인께 지금 이렇게 따로 사과드리고 싶습니다.

부인 제가 메사추세츠의 콩코드에서 태어났어요. 저희
집안은 2백 년 동안 메사추세츠 주의 이름 있는 집
안이었습니다. 그래서 저는 제 고향에 대한 자부심
이 대단하지요. 저는 당신께서 엘코트가 뉴햄프셔
주에서 태어났다는 것을 듣는 순간 너무 화가 났습
니다. 하지만 지금은 제가 쓴 편지에 대해 정말 부끄
럽네요.

나 부인은 제가 화난 것에 10분의 1도 속상하지는 않
으셨을 겁니다. 제 실수는 메사추세츠 주 이름에
상처를 입힌 게 아니라 제 자신을 상처받게 했습니
다. 부인과 같은 지위나 교양을 갖추신 분들이 방
송에서 말하는 사람들에게 시간을 내서 편지는 쓰
는 일은 거의 없습니다. 그러니 다음에도 제가 말
하는 중에 실수를 하게 되면 꼭 다시 편지를 써주시
기 바랍니다.

부인　당신께 한 비판을 이렇게 받아주시니 제 기분이 정
　　　말 좋습니다. 틀림없이 좋은 분이실 것 같네요. 카
　　　네기 씨에 대해 더 알고 싶군요.

내가 그녀의 입장에서 사과하고 공감하자, 그녀도 내 입
장에서 사과하고 공감했다. 나는 화를 자제한 것에 만족
했는데 모욕을 친절로 돌려주었다는 만족이었다. 나는 그
부인이 내게 호감을 갖게 만듦으로써 부인에게 스퀼킬 강
(미국 펜실베이니아 주에 있는 강)에 가서 뛰어내리라고 말하는
것보다 훨씬 더 큰 즐거움을 얻었다.

— 데일 카네기, 『인간관계론』 중에서

카네기와 부인의 대화에서처럼 내가 상대의 입장에서 서서 생각
을 한 후 대화하면 상대도 마찬가지로 내 입장에 서서 대화할 수밖
에 없다. 이렇게 되면 카네기의 경우처럼 어제까지 싸웠던 적도 오
늘은 친구로 만들 수 있다. 이처럼 상대의 입장에 서서 상대를 이해
하는 것은 소통에서 필수적인 요소이다.

| 역지사지, 배려로 시작되는 소통의 지름길이다 |

내가 상대의 입장이 되어 생각해본다는 '역지사지'. 이 역지사지
라는 말의 시작점은 어디일까? 역지사지의 시작점은 다름 아닌 상
대에 대한 서로의 '배려'에서 시작된다. 사람들은 저마다의 가슴 속

에 타인에게 인정받고 싶은 '인정의 욕구'가 있다. 이 '인정'에도 진심에서 나오는 진심 어린 인정이 있고, 겉으로만 보여주는 껍데기뿐인 인정이 있다. 이러한 것은 평소 내가 타인을 진정으로 배려했는지 아니면 그렇지 않았는지에 따라서 갈려진다. 평소 내가 진심으로 타인을 배려하면 내가 굳이 일부러 드러내려고 하지 않더라도 상대는 마음으로부터 인정해 준다. 하지만 진심이 없는 껍데기뿐인 배려를 보여준다면 상대도 마찬가지로 껍데기뿐인 인정이 되는 것이다.

그렇기 때문에 타인에게 인정을 받는 것, 그것도 진심 어린 마음에서 나오는 인정을 받는 것은 바꿔 말하면 그 사람의 소통능력이 뛰어나다는 것이다. 인정을 받는 것도 소통하는 것과 마찬가지로 최소 두 명 이상이 있어야 가능하다. 물론 혼자서 자기 자신을 인정할 수는 있지만, 이것은 지극히 주관적이 될 수밖에 없다. 객관적으로(그렇다고 모든 사람에게 다 인정받는 것은 불가능하다) 인정을 받거나 해 주려면 타인이 꼭 필요하다. 그래서 인정과 소통은 비슷한 부분이 있는 것이다.

타인으로부터 진심에서 우러나오는 인정을 받고 타인과 소통을 잘하는 사람은 예외 없이 타인에 대한 배려심이 뛰어나다. 타인에 대한 배려는 상대의 입장에서 보고, 느끼고, 생각하는 것에서부터 시작된다. 이것은 철저히 나와 상대가 입장을 바꿔서 바라보는 것이다. 이렇게 상대의 입장에 서서 본다면 진정으로 상대가 원하는 바를 알 수 있고 그에 따른 최선의 결론을 이끌어낼 수 있는 것이다. 이러한 것이 바로 소통이다.

　이러한 것은 잘 보여주는 것이 IT 기업인 '애플'이다. 21세기 IT산업을 이끌어나가는 애플. 애플은 얼마 전 세상을 떠났던 창업주이자 CEO인 스티브 잡스처럼 굴곡진 역사를 가지고 있다. 애플은 처음 개인용 컴퓨터(PC)인 애플 I과II를 내놓았을 때는 선풍적인 인기를 끌었다. 여기에는 소비자들이 개인용 컴퓨터를 가지고 싶다는 욕망을 잘 읽어낸 덕분이었다. 그러던 애플은 1980년대 들어 위기를 맞고 급기야 잡스는 1985년 애플에서 쫓겨나게 된다. 이유는 비슷한 성능의 PC들이 나오는 상황에서 경쟁사와 비교해 아무런 좋은 점이 없고 가격만 비싼 제품을 내놓았기 때문이다. 이는 당시 소비자들이 싸고 질 좋은 제품을 사고 싶다는 생각을 읽어내지 못했기 때문이다.

　그러던 애플이 2000년대 들어 MP3플레이어인 아아팟, 스마트폰인 아이폰, 태블릿PC인 아이패드의 출시로 다시 한 번 전성기를 맞게 된다. 물론 잡스 생전 다른 경쟁사들은 스마트폰의 화면을 크게 늘리는 추세에 따라가지 못해 고전했던 적이 있지만 지난 2014년을 계기로 이를 역전시켰다. 애플은 2014년 기존의 아이폰보다 화면이 큰 '아이폰6'와 '아이폰6+'를 내놓았던 것이 주효했다. 여기에는 큰 화면을 원하고, 큰 화면임에도 불구하고 한 손으로 다루고 싶어 하는 소비자들의 심리를 정확히 읽어냈기 때문이다. 실제 아이폰6와 아이폰6+는 한 손으로 사용하는 데 문제가 없다.

　이러한 애플의 대박 행진에는 그들이 철저히 소비자들 입장에 서서 생각한 덕분이다. 다른 제품과 차별이 되는 고급스러운 이미지는 고급스러운 제품을 가지고 싶어 하는 욕구를 정확히 알았기 때문이다. 또한, 경쟁사들보다 단순하게 작동되는(이는 개인차가 있지만 애플 제품이 단순하다) 편리함이 있었기 때문이다. 이것도 복잡한 것보다 단순한 것을 좋아하는 소비자들의 심리를 꿰뚫었기 때문이다.

애플의 성공을 보면 가장 중요한 부분이 바로 상대의 입장에 서서 바라보는 '역지사지'의 정신을 잘 따르고 있다. 한 마디로 애플은 제품을 출시하기 전 철저히 이 역지사지를 실천함으로써 성공을 거둔 것이다. 이는 한 회사뿐만 아니라 개인에게도 적용되는 것이다. 소통을 통해 상대로부터 자신이 원하는 것을 얻고자 한다면 역지사지를 실천하는 것이 중요하다.

이처럼 상대방의 입장에서 바라보고 생각해 볼 때 비로소 상대도 나를 이해하게 되고 굳게 닫혔던 문이 열리게 된다. 바로 이것이 역지사지의 효과이다. 역지사지, 이것은 소통의 시작점이자 가장 중요한 부분이다.

소 통 , 경 청 과 배 려 가 답 이 다

Part 4

상대방의 이야기를 경청하라

세종, 이순신, 링컨, 샤를 드 골, 교황 프란치스코. 이들은 태어난 나라도 살았던 시기도 서로 달랐던 사람들이다. 때문에 얼핏 보기에는 이들에게서 공통점이 없어 보인다. 하지만 자세히 살펴보면 이들은 몇 가지 공통점을 가지고 있다.

이들의 첫 번째 공통점은 탁월한 리더십을 보여준 리더였다. 창업한 지 얼마 되지 않은 불안한 나라 조선을 반석 위에 세워 놓은 세종. 임진왜란으로 절체절명의 위기를 맞은 조선을 위기에서 구해낸 이순신. 남북전쟁을 승리로 이끌고 노예 해방을 선언한 링컨, 2차 세계대전 당시 나치에 점령당한 조국 프랑스의 해방을 위해 영국 런던에서 그들과 맞서 싸운 레지스탕스를 이끌었고, 종전 뒤 대통령에 올랐던 드 골. 가난한 사람들과 힘 없는 사람들의 친구를 자청하며 솔선수범을 보여준 아르헨티나 부에노스 아이레스 대교구의 추기경이었고 2013년 교황으로 선출된 프란치스코. 이들의 업적을 보면 뛰어난 리더십이 없이는 이루어질 수가 없는 것이다.

그리고 이들의 또 다른 공통점은 소통에 있어서도 발군의 능력을 발휘한 사람들이었다. 특히 이들은 다른 사람들의 말을 잘 들어주는 능력이 뛰어났다는 것이다. 다시 말해 상대의 이야기를 경청하는 능력이 뛰어났다는 것이다. 어전 회의에서 정책을 결정할 때 모든 신하들의 이야기를 끝까지 듣고 자신의 의견을 말했던 세종. 전투가 있기 전 작전 회의 때 말단 병사의 의견까지 들었던 이순신. 평범한 국민의 말을 끝까지 듣고자 했던 링컨과 드 골. 힘 없고 가난한 자들과 실의에 빠져 희망을 잃은 사람들의 말을 끝까지 들어

주었던 교황 프란치스코. 이들의 행동만 보더라도 경청하는 능력이 뛰어났다는 것을 알 수 있다.

　이처럼 다른 사람의 말을 잘 듣는 사람, 즉 경청을 하는 능력이 뛰어난 사람들이 소통에 있어서도 탁월한 능력을 보이는 경우가 많다. 그렇기 때문에 경청하는 능력이 중요한 것이다.

　그렇다면 경청을 잘하려면 어떻게 해야 할까? 경청을 잘하기 위해서는 몇 가지 방법이 있다.

Chapter 1

경청의 방법 1:
서로 생각이 다르다는 것을 인정하라

| 생각과 라이프스타일은 사람마다 제각각이다 |

상대의 이야기를 듣기 위해서는 상대의 생각과 라이프스타일이 나와 다르다는 것을 우선 인정해야 한다. 많은 사람이 자신의 생각과 다른 생각을 하는 사람들의 이야기를 잘 들으려 하지 않는다. 이는 혹시나 내 생각이 틀려서 망신을 당하지 않을까 하는 두려움이 있기 때문이다. 또는 내 생각만이 옳기 때문에 다른 사람들의 이야기는 들을 필요가 없다고 생각하는 경우도 있다. 이런 생각을 가진 사람들이 서로 대화하면 어떤 상황이 벌어질까? 답은 자명하다. 서로의 의견을 조율하는 것은 물 건너간 상황일 것이고, 그나마 큰 싸움으로 번지지 않는 것이 다행인 상황이 될 것이다.

이러한 상황을 방지하기 위해서도 상대의 생각과 라이프스타일이 나와 다르다는 것을 인정해야 한다. 이는 어떻게 보면 당연한 것이다. 같은 부모에게서 태어난 형제 사이에도 생각과 라이프스타일이 제각각 다르다. 하물며 부모도 다르고 자라온 환경도 다른 사람이라면 어떻겠는가? 당연히 나와 상대의 생각과 라이프스타일이 다를 수밖에 없다.

이는 나만 해도 그것을 느낄 수 있다. 나는 남동생이 한 명 있는데, 어릴 때 나와 남동생은 자주 충돌했다. 예를 들어 나는 매운 음식을 잘 먹지 못하지만 동생은 잘 먹는다. 그래서 낙지 볶음 같은 음식을 먹을 때 의견이 갈리곤 한다. 나는 순한 맛을 원하고 동생은 매운 맛을 원해서 의견은 좁혀야 할 때가 있었다. 물론 지금은 서로의 입장을 생각해서 덜 매운 맛으로 통일해서 먹는다. 이것은 나와 동생이 서로의 입장을 이해했기 때문에 조율했던 것이다. 이처럼 형제 사이에도 생각과 라이프스타일은 제각각이다. 그런데 타인이라면 오죽하겠는가.

그래서 중요한 것이 나와 상대가 서로의 생각과 라이프스타일이 다르다는 것을 인정하는 것이다. 서로의 생각과 라이프스타일이 다르다는 것만 인정해도 경청하는 데 차이가 있다. 서로의 생각과 라이프스타일의 차이를 인정한다면 서로의 이야기가 궁금해서라도 잘 듣게 되어있다. 상대의 이야기를 잘 들으면 그만큼 내 생각도 상대의 입장에서 정리할 수 있다. 또한, 서로가 더 진솔하게 자신의 이야기를 털어놓을 수도 있다.

이러한 예는 세종의 어전회의에서 잘 드러난다. 세종은 중요한 안건을 처리할 때는 반드시 안건에 찬성하는 쪽의 신하와 반대하는 쪽의 신하를 다 불러놓고 토론을 하곤 했다. 이때 세종은 안건에 찬성하는 신하는 왜 이 안건에 찬성하는 의견을 보이는지 그들의 입장에서 생각했고, 반대하는 신하의 의견도 마찬가지로 그들의 입장에서 생각해 보았다. 또한, 세종은 신하들이 토론할 때는 절대로 중간에서 끼어들지 않고 끝까지 들은 후 자신의 의견을 말했다. 자신의 의견을 말할 때는 "찬성하는 입장을 들어보니 이들의 입장이 이해가 되고, 반대하는 입장을 들어보니 그들의 입장 또한 이해가 된다"고 말했다. 그 후 "내 의견은 이러한데 경들이 생각하기에는 어떠한가?"라고 물어보았다.

이런 세종의 태도는 경청하는 것부터 시작되는 것이고, 경청할 때는 우선 상대의 입장과 나의 입장이 다르다는 것을 인정하는 것에서 시작되었던 것이다. 그래서 신하들도 상대의 입장에서 생각해보는 경우가 많았다. 이런 것 때문에 세종 시기 수많은 정책이 올바르게 시행될 수 있었던 것이다.

이를 알 수 있는 것이 KBS에서 방영했던 드라마 '대왕 세종'에서 최만리가 사직하며 한 대사이다. 최만리는 사직하고 조정을 떠나면서 "전하, 저는 새로운 문자를 창제하는 것에는 분명히 반대합니다. 하지만 백성을 진정으로 사랑하는 당신의 그 마음은 너무나 존경스럽습니다"라는 말을 한다.

이 말속에는 당시 기틀이 잡히지 않은 신생국가 조선과 대국인

명나라와의 관계 때문에 한글 창제는 반대하지만, 백성을 사랑하는 세종의 마음은 이해하고 인정한다는 뜻을 내포하고 있다. 또한, 여기에는 세종과 최만리가 서로 상대의 입장을 이해하면서 서로의 이야기를 경청했다는 것을 알 수 있다. 이처럼 나와 상대가 서로의 생각과 라이프스타일이 다르다는 것을 인정하면 경청을 잘할 수 있고, 나아가서 소통을 잘할 수 있다는 것이다.

| 상대와 나의 차이를 인정하라 |

경청할 때 중요한 것이 상대와 내가 가지고 있는 생각과 라이프스타일이 다르다는 것을 인정하는 것이다. 그런데 우리는 이 '다르다'는 것을 '틀리다'라는 것과 같은 뜻으로 사용한다. 하지만 엄연히 두 단어에는 차이점이 있다. '다르다'는 것은 서로의 입장이나 의견을 존중하지만 가지고 있는 생각과 라이프스타일에는 차이가 있다는 뜻을 내포하고 있다. 반면 '틀리다'는 말은 둘 중 혹은 여럿 중 하나를 제외하고는 무조건 맞지 않는다는 뜻을 내포하고 있다. 이를테면 객관식 시험 문제에서 3번이 정답이면 3번 외에 다른 것은 틀렸다고 할 때 사용하는 것이다. 때문에 '다르다'와 '틀리다'는 구별해서 사용해야 한다.

그래서 경청할 때는 '나와 상대의 생각이나 라이프스타일이 다르다'라고 하는 표현이 바람직하다. 나와 상대의 생각이나 라이프스타일이 하나는 맞고 하나는 틀린 것이 아니라 사람에 따라 제각각이다. 그래서 정답과 오답이 존재하지 않는 것이다. 그러므로 경청할 때 상대와 나의 차이를 인정하고 상대의 입장에서 생각하고 듣는 것이 중요한 것이다.

이런 '차이를 인정하는 것'에 대해서 소크라테스는 다음과 같은 말을 남겼다.

> "사람은 다른 사람과 말을 할 때 듣는 사람의 경험에 맞추어 말을 해야만 한다. 예를 들면 목수에게 이야기할 때에는 목수가 사용하는 말을 해야 한다."
>
> ─ 플라톤, 『파이돈』 중에서

소크라테스가 말한 "듣는 사람의 경험에 맞추어 말을 해야 한다"는 것은 반대로 생각해 보면 내가 들을 때도 말하는 사람의 경험에 맞추어 들어야 한다는 것이다. 말하는 사람의 경험에 맞춘다는 것은 바로 상대와 나의 차이를 인정하고 상대의 입장이 되어서 이야기를 들어야 한다는 것이다.

이러한 경청의 자세는 『무지개 원리』의 저자 차동엽 신부의 또 다른 저서인 『천금말씨』에도 잘 나와 있다. 『천금말씨』에도 경청을 어떻게 하는지에 대해 나와 있고 그중 상대와 나의 차이를 인정하는 것이 어떤 것인지 잘 보여주고 있다.

지혜를 대표하는 인물로 치자면 솔로몬을 빼놓고 넘어갈

수 없다. 보통 우리에게는 "저 아기를 반으로 잘라서 서로 자기가 엄마라고 우기는 두 여인에게 각각 나눠 주어라"라는 명판결로 아기의 진짜 엄마를 가려낸 임금이라 알려진 솔로몬.

그런데 그가 어떻게 지혜의 임금이 되었는지를 아는 이들은 많지 않다. 한 마디로, 그는 지혜를 하느님께 청하여 받았다. "소원을 말하라"는 하느님의 말씀에 솔로몬은 '지혜'를 달라고 한 것으로 알려졌는데, 여기서 '지혜'가 성경의 히브리어 원문에는 레브 스메아(leb smea) 곧 '듣는 마음'으로 적혀 있다. 레브(leb)는 '마음'이고, 스메아는 '듣는다'는 의마의 샤마(shama)에서 온 말이다.

이와 똑같은 삶의 예지를 『명사들이 다시 쓴 무지개 원리』의 공동 집필자인 김인의 글에서 발견할 수 있다.

"언젠가 글을 읽다 한자어 '聽'(들을 청)을 풀이한 대목을 보고 무릎을 친 적이 있다. 듣는다는 의미의 청聽을 파자波字한 것으로, 왕의 귀(耳+王)로 듣고, 열 개의 눈(十+目)으로 보고, 하나의 마음(一+心)으로 대하라고 해석하는 것이다. 참으로 적절한 뜻풀이라는 생각이 들어 이후로 누구를 만나든지 왕의 귀로 듣듯이 편견과 선입견 없이 들으려고 노력한다."

왕의 귀로 듣고, 열 개의 눈으로 보고, 하나의 마음으로 대할 줄 아는 사람! 흔치는 않지만 그렇다고 아예 없는 것은 아니다. 그 한 예가 넬슨 만델라다. 그는 정말 위대한 사람이다. 나는 그가 유명한 사람이기 때문에 그를 좋아한 것이 아니다. 그는 여러 가지로 노벨상감이다. 그래서 그가 남긴 말을 많이 모아놓은 편인데, 그 가운데 이런 말도 있다.

"나는 남아프리카공화국의 리더로서 이 땅은 전설적일 만큼 훌륭한 곳으로 만들기 위해 언제나 가장 기본적인 원칙을 지켜왔다. 나는 어떤 회의나 토론의 장에서 내 자신의 의견을 말하기 전에 참석한 사람들이 각자 무엇을 말하려는지 경청하기 위해 노력했다. 그러한 과정에서 많은 경우, 내 자신의 의견이 단지 내가 경청했던 토론의 합일점을 대변하는 정도에 지나지 않았다는 것을 깨달았다."

이것이 경청의 수혜다. 경청을 잘하면 굳이 홀로 답을 찾아 머리를 쥐어짜는 수고가 불필요하게 된다.

— 차동엽, 『천금말씨』 중에서

『천금말씨』에서 차동엽 신부가 강조하는 것이 "왕의 귀로 듣고, 열 개의 눈으로 보고, 하나의 마음으로 대하라"는 것이다. 이를 분석해보면 들을 때는 현명한 왕처럼 상대와 나의 차이를 인정하고 그들의 입장에 서서 들으라는 것이다. 이렇게 모인 정보를 분석할 때는 여러 사람의 입장에서 그들의 눈으로 보고 분석하라는 것이다. 그리고 하나의 마음으로 대하는 것은 앞의 두 과정을 거쳐 적절한 결론을 도출하라는 것이다. 그중 가장 중요한 것은 "왕의 귀로 듣는 것", 즉 경청하는 것이라 할 수 있다. 왕의 귀로 상대의 입장에 서서 '나와 상대의 차이'를 인정하고 경청하면 다음 두 단계는 자연히 따라 나오는 것이라 할 수 있겠다. 그만큼 경청이 중요한 것이다.

| 상대의 생각을 존중하라 |

경청할 때 중요한 것이 '나와 상대의 차이'를 인정하는 것과 상대의 입장에 서 보는 것이다. 이러한 것은 한순간에 그냥 되는 것이 아니라 상대에 대한 진심 어린 존중에서 시작되는 것이다. 이를 바꿔 말하면 상대를 진심으로 존중하지 않고서는 '나와 상대의 차이'를 제대로 인정할 수 없고, 진정으로 상대의 입장이 되어 볼 수도 없다. 물론 겉으로 존중하는 표현을 해도 상대가 잘 모를 경우가 있다. 그렇지만 이 경우에는 겉으로 보여주기 식의 껍데기뿐인 존중은 가능할지는 몰라도 상대가 진심으로 감동하게 할 수는 없다.

서로의 생각을 진정으로 존중해 줄 때 진짜로 마음과 마음이 통하고 원하는 결과를 얻을 수 있다. 이는 '소통'이라는 것이 결국에는 사람의 마음을 움직여야 하기 때문에 그렇다. 사람의 마음을 움직이기 위해서는 상대의 이야기를 주의 깊게 들어줘야 하고, 여기에는 상대에 대한 진심이 담긴 존중이 들어가 있어야 한다.

또한, 내가 '상대의 생각이 나와 다르다는 것'을 인정하고, 상대를 진심으로 존중해 주었을 때 상대는 분명 자신이 진심으로 존중받고 있다는 것을 느낄 수 있을 것이다. 상대가 나에게 진심으로 존중을 받고 있다는 것을 알면 상대도 나에게 진심으로 존경해 줄 것이다. 이렇게 되면 대화는 잘 될 것이고 소통에는 문제가 없을 것이다.

특히, 이런 '상대에 대한 진심 어린 존중'은 경청할 때도 필요하다. 내가 상대의 이야기를 제대로 듣기 위해서는 그 이야기를 주의 깊게 들어야 한다. 주의 깊게 듣기 위해서는 '상대와 내가 생각과 라이프스타일이 다르다'는 것을 인정해야 한다. '상대와 내가 생각과 라이프스타일이 다르다'는 것을 인정하는 것, 바로 이것이 상대에 대한 진심 어린 존중이라 하겠다.

이것이 바탕이 되면 상대의 입장이 되어서 편견과 선입견 없이 그의 이야기를 들을 수 있다. 편견과 선입견 없이 상대의 이야기를 들으면, 상대의 이야기를 보다 객관적인 입장에서 들을 수 있게 된다. 객관적인 입장에서 상대의 이야기를 들으면 보다 더 좋은 쪽으로 조언이나 결론을 이끌어낼 수 있다. 또 내가 상대를 진심으로 존중하는 마음에서 이야기를 들으면 상대도 나의 이야기를 편견과 선입견 없이 객관적으로 들을 수 있고, 좀 더 깊숙이 대화할 수도 있다.

이렇듯 내가 상대를 진심으로 존중하는 것은 '경청의 기본'이자 '소통의 기본'이라는 것을 알 수 있다. 특히 상대에 대한 존중은 조직사회에서 자칫 해이해지기 쉬운 마음을 잡도록 구성원들의 능력을 최대로 발휘할 수 있게 해준다. 여기에는 구성원들이 경청을 잘할 수 있게 하는 것은 물론이다.

일례로 지난 1998년 프랑스에서 열린 FIFA(국제축구연맹) 월드컵에서 당시 네덜란드 대표팀 감독이었던 히딩크 감독에게서 찾을 수 있다.

1998년 프랑스 월드컵 당시 대한민국, 멕시코, 벨기에와 E조에 속한 네덜란드는 시드를 배정받을 정도의 강팀이었다. 사실 시드를 받을 정도의 팀에게 대한민국은 어찌 보면 당연히 쉬운 상대였을지도 모른다. 여기에다 당시 네덜란드는 베르캄프, 클루이베르트, 오베르마스 등 세계적인 선수들 포함되어 있었다. 그래서 네덜란드 대표팀 선수들 사이에서도 대한민국전의 승리는 기정사실로 하고 있었다. 그런데 대한민국과의 E조 2차전이 열리기 전 예상치 못한 변수가 터져 나왔다. 네덜란드가 1차전에서 벨기에와 비겼고, 공격수 클루이베르트가 퇴장당해 2차전에 나오지 못하는 상황이 발생했다. 이 상황에서 네덜란드가 16강에 진출하기 위해서는 무조건 대한민국과의 경기를 잡아야 했다. 이런 절박한 상황 속에서도 네덜란드 선수들 사이에는 2차전 승리를 기정사실로 하면서 분위기가 흐트러지기 시작했다. 이때 히딩크 감독은 흐트러진 분위기를 수습하기 위해 한 가지 카드를 빼 들었다.

히딩크 감독의 카드는 선수단의 미팅에서 제대로 발휘되었다. 선수들과의 미팅에서 히딩크 감독은 "네덜란드 선수들은 훌륭한 선수들이다"라는 말로 시작했다. 그 후 다음에 상대할 대한민국 대표

팀에 대해 이야기했다. 이때 히딩크 감독은 "대한민국 대표팀은 아시아에서 월드컵 본선에 가장 많이 진출한 팀이다. 다시 말해서 월드컵 본선에 나설 정도의 실력이 되는 팀이고 아시아의 강호이다. 이 때문에 이러한 팀을 약팀이라고 무시한다면 좋지 않은 결과가 나올 수도 있다"고 했다. 이 말을 네덜란드 선수들에게 자극제가 되었고 네덜란드 선수들은 뭉치기 시작했다. 이런 미팅이 있은 후 네덜란드는 대한민국을 5대0으로 이기고 4강의 발판을 마련했다. 참고로 네덜란드는 프랑스 월드컵에서 4위를 차지했다.

히딩크 감독이 흐트러진 선수단을 뭉치게 하고 선수들의 정신을 번쩍 들게 만들었던 것은 바로 상대에 대한 존중이다. 상대에 대한 존중이 있었기에 선수들을 뭉치게 만들었고 선수들도 감독의 이야기에 경청하게 된 것이다. 경청하게 된 이후로 소통이 잘 되었다는 것은 당연한 것이다.

그러나 이와 반대의 경우도 있었다. 프랑스 월드컵이 열리기 7년 전인 1991년 포르투갈에서는 20세 이하 세계 청소년 축구대회(현재의 U-20 월드컵)가 열렸다. 이 대회에 유일하게 남한과 북한이 하나로 뭉쳐 '코리아'라는 팀으로 출전했다. 이 대회에서 코리아 팀은 아르헨티나, 아일랜드 그리고 개최국 포르투갈과 A조에 속했다.

코리아 팀은 첫 경기에서 아르헨티나와 만났다. 객관적인 전력이나 손발을 맞춘 지 겨우 한 달 뿐인 코리아팀의 사정을 감안한다면 아르헨티나가 분명 우위에 있었다. 하지만 아르헨티나는 한 가지를 무시하면서 큰 재앙을 가져왔다.

당시 아르헨티나 팀은 코리아 팀을 무시하면서 경기 전 몸을 푸는 것도 생략했고 선수들과 코칭스태프도 하나가 되지 못했다. 선수들이 코리아 팀에 대해 몰라서 어떻게 할지 모르는 것은 당연했지만 코칭스태프가 무시했다는 것은 큰 실수였다. 여기에도 서로 간의 소통이 이루어지지 않았던 것은 당연하다. 서로의 이야기를 주의 깊게 듣지 않았음은 물론이다.

이런 상태로 나선 아르헨티나 팀은 시종일관 코리아 팀에게 밀려서 찬스다운 찬스를 제대로 잡지 못했다. 오히려 코리아 팀이 많은 찬스를 잡으면서 경기를 주도했다. 그리고 일은 후반 43분 터졌다. 상대 페널티박스 근처에서 프리킥을 얻은 코리아 팀은 키커인 남한의 조진호가 찬 공이 수비벽을 맞고 나오자 이 공을 북한의 조인철이 잡아서 슈팅을 날렸다. 조인철이 슈팅한 공은 아르헨티나의 골문을 가르며 0의 행진을 끝냈다. 결과적으로 이 골이 결승 골이 되어 아르헨티나를 1대 0으로 꺾고 8강 진출의 기반을 마련했다. 참고로 이 대회에서 코리아는 A조 2위로 8강에 진출했고 아르헨티나는 A조 최하위에 머물며 조별리그에서 탈락했다.

이러한 결과는 결론적으로 상대를 존중하지 않았던 것에서 나왔다. 만일 아르헨티나 감독이 히딩크 감독처럼 선수단들과 대화를 통해 코리아 팀을 존중했다면 결과는 달라졌을지도 모를 일이다.

상대에 대한 존중은 내가 초등학교 시절 배운 '박 서방과 상길이'의 이야기에서도 알 수 있다.

옛날 박상길이라는 백정이 시장에서 고기를 팔고 있는데
양반 두 사람이 고기를 사러 왔습니다. 그중 한 양반이 거
드름을 피우며 말했습니다.

"얘, 상길아. 고기 한 근 줘라."

그러자 주인이 아무 말 없이 고기를 베어주었습니다. 또
한 양반은 상대가 천한 백정이라도 나이 든 사람에게 말
을 함부로 하기가 어려워 "박 서방, 여기 고기 한 근만 주
시게!"라고 했습니다. 그러자 주인이 "예, 고맙습니다" 하
며 고기를 잘라 주었습니다. 그런데 먼저 고기를 산 양반
이 자기가 받은 것보다 두 배나 커 보이는 고기가 다른 사
람에게 가는 것을 보고 소리지르며 따졌습니다.

"이놈아, 같은 한 근인데 어째서 이 사람 것은 크고 내 것
은 요렇게 작으냐?"

그러자 주인이 대답했습니다.

"예, 그야 손님 고기는 상길이가 자른 것이고, 이 어른의
고기는 박 서방이 잘랐으니 다를 수밖에요."

이 이야기에서 양반이 푸줏간의 백정을 어떻게 대하느냐에 따라
결과가 어떻게 나오는지 알 수 있다. 푸줏간 주인인 박상길이 백정
이라고 해도 한 사람의 인간으로, 자신보다 나이가 많은 사람으로
'박 서방'이라고 존중해 주니 박상길이라는 사람으로서도 존중받고
있다는 것을 알 수 있다. 또한, 이 사람의 말을 제대로 경청했다는

것을 알 수 있다. 하지만 자신에게 '상길이'라고 낮춰 말한 사람에게는 자신이 존중받지 못하고 있다는 것을 알았고, 이 사람의 말을 제대로 경청하지 않았다는 것을 알 수 있다. 자신이 존중받지 못하고 있다는 사실을 알면 제대로 경청하기도 힘들다.

이처럼 상대에 대한 진심 어린 존중은 나에게 좋은 결과가 되어 돌아온다. 내가 상대를 존중해 주면 상대는 나의 이야기를 제대로 경청할 수 있다. 그렇게 되면 나도 상대를 존중해 줄 수밖에 없다. 이것이 경청과 소통의 시작이다.

Chapter 2
경청의 방법 2:
편견과 선입견을 버려라

| **소통의 장애물, 편견과 선입견** |

소통을 잘하기 위해서는 상대의 이야기에 귀 기울일 줄 알아야 한다. 상대의 이야기에 귀 기울인다는 것은 남의 이야기를 제대로 듣는다는 것, 즉 경청을 잘한다는 것이다. 또한, 상대의 이야기에 귀 기울일 줄 안다는 것은 상대의 이야기를 객관적인 입장에서 듣는다는 것이다. 상대의 이야기를 객관적으로 듣기 위해서는 상대에 대한 편견과 선입견을 버려야 한다는 것이다. 편견과 선입견은 사전적으로 보면 '편견'은 '공정하지 못하고 한쪽으로 치우친 생각'이라는 뜻을 가지고 있다. '선입견'은 '어떤 대상에 대하여 이미 마음속에 가지고 있는 고정적인 관점이나 관념'이라는 뜻을 가지고

있다. 즉, '편견'과 '선입견'이라는 것은 내가 상대를 바라볼 때 고정적인 관점으로 한쪽만 바라보고 다른 한쪽은 바라보지 못한다는 것이다.

편견과 선입견을 없애는 것은 경청할 때도 적용되는 것이다. 상대에 대해 내가 편견이나 선입견을 가지고 듣는다면 내가 이야기할 때도 상대에 대한 편견과 선입견의 틀에서 할 수밖에 없다. 이렇게 되면 상대도 나의 이야기를 들을 때 나에 대한 편견과 선입견을 가지고 이야기할 수밖에 없다. 이러한 상황이라면 제대로 된 소통을 할 수 없을 것이다. 오히려 큰 싸움이 나지 않는 것을 다행이라고 생각해야 한다.

그래서 우리는 상대가 이야기할 때 상대의 입장에 서서 편견과 선입견 없이 객관적인 입장에서 들어야 한다. 상대의 이야기를 객관적인 입장에서 듣는다는 것은 그만큼 내가 상대를 존중하고 있다는 표시다. 이렇게 상대의 이야기를 편견과 선입견이 없이 들을 때 제대로 된 경청이 될 수 있고, 제대로 된 소통이 될 수 있다.

우리는 편견과 선입견 없이 상대를 대해야 한다는 것은 알고 있다. 하지만 이를 실천하기는 매우 어렵다. 사람들은 각자 자신의 자존심을 지키고 싶어 하는 본능을 가지고 있기 때문이다.

편견과 선입견 없이 상대를 대해야 한다는 것을 잘 보여주는 것이 지난 2010년 2월에 열린 밴쿠버 동계올림픽이었다. 동계올림픽 종목 중에 400m 트랙을 돌아 결승점에 들어온 기록 순으로 메달을 결정하는 '스피드 스케이팅'이라는 종목이 있다. 이 종목을 세부적으로 보면 500m와 1,000m는 단거리로 1,500m는 중거리로 여자 3,000m, 남녀 5,000m, 남자 10,000m는 장거리로 분류된다. 세부적인 '스피드 스케이팅' 종목 중에 우리나라와 같은 동양인들이 강세를 보인 종목은 단거리 종목이다. 실제로 올림픽에서 동양인 선수들이 단거리에서 메달을 많이 땄다. 하지만 장거리를 보면 이야기가 달라진다. 동양인은 서양인과의 기본적인 체격 차이로 인해 장거리에서는 약점을 보여 왔다. 그래서 '스피드 스케이팅' 관계자들 사이에서는 동양인이 장거리에서 메달을 딸 수 없다는 생각을 하고 있었다. 그런데 이런 편견을 깨트린 동양 선수 있었다.

밴쿠버 올림픽에 출전한 선수 중에 남자 5,000m와 10,000m에 출전한 이승훈이라는 선수 있었다. 이승훈은 쇼트트랙에서 스피드 스케이팅으로 전향한 선수로 우리나라에서는 장거리 전문 선수다. 여기에다 밴쿠버 동계올림픽이 열리기 전에 출전한 월드컵 시리즈에서도 좋은 성적을 냈다. 그래서 우리나라 관계자들은 이 이승훈 선수를 주목해 보라고 말했다.

하지만 동양인은 장거리에 약하다는 고정관념(이것도 편견과 선입견의 일종이다)을 가지고 있던 스피드 스케이팅 관계자들은 이승훈에 주목하지 않았다. 그런데 이승훈은 첫날 경기로 치러진 남자 5,000m에서 네덜란드의 강호 스벤 크라머에 이어 은메달을 획득했다. 이어 벌어진 남자 10,000m에서는 이승훈이 올림픽 신기록을 세우며 시상대 가장 높은 곳에 우뚝 섰고 애국가를 울리게 했다. 사실은 이 경기에서 이승훈은 2위로 들어왔다. 하지만 크라머의 예상치 못한 실수로 인한 실격으로 금메달을 땄다. 그래도 이승훈은 대단한 일을 한 것이다. 이 이후 스피드 스케이팅 관계자들 사이에는 '동양인은 장거리에서는 안 된다'는 고정관념이 사라지게 되었다.

이승훈의 일화를 보면 알 수 있는 것이 '편견'과 '선입견'을 가지고 상대와 대하면 객관적인 입장에서 들을 수 없다는 것을 알 수 있다. 객관적인 입장에서 판단하지 못하면 당연히 소통되지 않는 것을 알 수 있다.

편견과 선입견 없이 객관적으로 바라봐야 한다는 것을 보여준 것이 지난 2014년 개봉해 1,800만 관객을 동원한 영화 '명량'의 소재인 '명량해전'이다. 명량해전이 있기 전 조선 수군은 칠전량 해전에서 대패를 당하며 함대가 거의 전멸하고 말았다. 겨우 살아남은 전함이 당시 경상 우수사 배설이 칠천량 해전이 있기 전 도망치면서 같이 데려온 12척이 전부였다. 이 12척을 지휘한 총책임자가 삼도수군통제사 이순신이었다. 이순신은 명량해전이 있기 전 휘하 장수들과 회의했다. 휘하 장수들은 12척으로 100여 척이 넘는 왜적들과 싸우는 것이 불가하다고 말했다. 사실 12척으로 100여 척을 상대하기에는 누가 봐도 무리가 있었다. 하지만 이것도 숫자로만 본 고정관념일 수 있는 것이다.

12척으로 적을 막을 수 있는 곳이라면 이런 숫자놀음은 무의미한 것이다. 12척이 막고 있는 좁은 해역이라면 적의 배도 한꺼번에 많이 들어올 수가 없고 당시 뒤쪽의 배에서는 공격할 수가 없었다.

이런 것을 파악한 이순신은 물살이 빨라서 '울돌목'이라고 불리는 명량에서 배수진을 쳤다.

알다시피 이순신은 이 명량해전에서 12척으로 왜적의 배 100여 척을 부수는 대승을 거두게 된다. 명량해전을 보면 이순신이 고정관념을 탈피한 것에서 시작된 것이다. 만일 이순신이 단순 숫자놀음으로 접근했다면 명량해전은 불가능했을 것이다. 하지만 이순신은 이 고정관념을 탈피하고 승리를 거둔 것이다. 여기에는 이순신의 소통 능력도 한몫했다. 난중일기나 징비록에서도 보듯이 이순신은 상대의 이야기를 잘 듣고 객관적으로 판단하는 능력을 갖추고 있다. 바로 이런 능력이 소통의 능력이다. 소통을 잘했기에 이순신의 부하들은 진심으로 이순신에게 다가갔던 것이다.

이승훈이나 이순신처럼 편견과 선입견을 없애는 것, 이것은 우리가 상대와 소통을 할 때도 적용이 되는 것이다. 상대와 이야기하기전 편견과 선입견을 지우고 상대의 이야기를 객관적으로 들으면 내가 조언을 줄 때 좀 더 도움이 되는 방향으로 줄 수 있다. 내가 상대의 이야기를 객관적으로 듣고 판단한다면 상대도 마찬가지로 나의 이야기를 객관적으로 듣고 판단할 수 있을 것이다. 이런 상황이라면 소통을 물 흐르듯이 될 것이다.

이처럼 편견과 선입견 없이 상대를 대하고 이야기를 듣는 것, 이것은 경청의 시작점이자 소통의 시작점이다. 그래서 우리는 편견과 선입견은 경청과 소통에서 '장애물'이라는 것을 알아야 할 것이다.

| 편견과 선입견은 나쁜 것이다 |

소통은 나 자신의 내면과 하는 소통도 있지만, 보통은 두 명 이상의 사람이 있어야 가능한 것이다. 두 명 이상의 사람과 소통할 때 가장 중요한 것은 상대의 이야기를 주의 깊게 듣는 것이다. 이것이 상대에 대한 존중의 시작이자 소통의 시작점이다. 상대의 이야기를 들을 때 가장 중요한 것이 상대의 이야기를 있는 그대로 듣는 것, 즉 상대의 입장이 되어 객관적으로 듣는 것이다. 그런데 우리는 스스로 자신이 객관적인 입장에서 상대의 이야기를 듣는다고 생각한다고 말하지만 현실은 그렇지 않다. 우리는 각자 자신이 만들어 놓은 틀 안에서 상대의 이야기를 듣는다. 그래서 제대로 된 소통이 되지 않는 것이다.

그렇다면 왜 우리는 스스로 객관적인 입장에서 상대의 이야기를 듣는다고 생각하지만, 현실은 그렇지 않은 것일까?

여기에는 각자의 내면에 각인된 '편견'과 '선입견'이라는 고정관념이 있기 때문이다. 우리가 사람이나 사물을 볼 때 고정관념으로 본다면 그 사람이나 사물의 진짜 모습을 볼 수가 없다. 그렇게 되면 당연히 객관적인 입장에서 판단하기는 어려울 것이다. 일례로 IT 기업인 애플사에서 신제품을 출시할 때 뉴욕의 애플 스토어에서 검은 터틀넥과 청바지 차림의 한 남자가 줄을 서서 기다리는 장면이 있었다. 검은 터틀넥에 청바지를 입은 남자. 언뜻 보면 그냥 애플 제품을 사기 위해 온 평범한 남자로 보일 수 있다. 하지만 이 남자는 바로 애플의 창업자이자 CEO인 스티브 잡스였다. 우리가 일반적으로 생각할 때, 애플 정도의 대기업 CEO라면 자신의 회사 제품을 파는 매장에 갔을 때 줄을 서서 기다릴 필요 없이 그냥 들어갈 것이라 생각한다. 실제로 이런 CEO들이 많고, 이것은 나쁜 것이 아니라 어찌 보면 당연할 수 있다. 이 때문에 일반 사람들의 눈에는 잡스가 줄을 서서 기다렸다가 들어가는 것이 이상하게 보일 수 있다. 그러나 잡스를 애플의 CEO 자격이 아니라 애플 제품을 사랑하는 일반인의 입장으로 애플 스토어에 온 것이라면 납득이 가능할 것이다.

이러한 것은 영국의 왕세손인 윌리엄 왕자의 일화에서도 볼 수 있다. 몇 년 전 SNS에 한 장의 사진이 화제가 된 적이 있다. 언뜻 봐도 부유해 보이는 30대 남성이 비행기의 이코노미석에 타고 있었던 것이다. 그 남자는 바로 영국의 왕위 계승 서열 2위인 윌리엄 왕세손이었다. 한 나라의 왕자가 비행기의 이코노미석에 탄다. 우리의 상식으로는 납득이 가지 않은 것이다. 한 나라의 왕자라면 전용기가 아니면 일등석을 이용하는 것이 당연한 일인지도 모른다. 그래서 항간에는 사진 속의 남자가 윌리엄 왕세손이 아니라는 이야기도 있었지만, 그는 윌리엄 왕세손이었다. 사진이 찍힐 당시 윌리엄 왕세손은 친구의 결혼식에 참석하기 위해서 미국에 간 것이었다. 물론 비행기 안에는 그의 경호원도 있었고 전부 이코노미석에 있었다.

친구의 결혼식 참석차 미국에 간 것이면 분명 영국 왕자 자격이 아니라 개인 자격으로 간 것이다. 이를 윌리엄 왕세손은 입장에서 생각해 보면 답이 나온다. 결혼식장에서 주인공은 누가 뭐라고 해도 백년가약을 맺는 신랑과 신부이지 결혼식에 참석한 하객이 아니다. 여기서 입장을 바꿔 생각해보면 윌리엄 왕세손의 행동을 이해할 수 있다. 어떤 평범한 결혼식에 영국의 왕세손이 하객으로 참석한다고 생각해 보자. 이렇게 되면 언론에 왕세손이 노출될 것이고 결혼식의 주인공은 결혼하는 신랑, 신부가 아니라 왕세손 일가가 될 것이다. 이렇게 되면 결혼식을 하는 신랑, 신부는 들러리에 불과할 것이 뻔하다. 이렇게 되면 결혼식을 하는 사람의 입장은 어떻겠는가? 상대가 영국의 왕세손이라 직접 말하지는 못하겠지만, 기분은 좋지 않을 것이다. 이런 친구의 마음을 윌리엄 왕세손은 정확히 읽었고, 그래서 윌리엄 왕세손은 영국의 왕자 자격이 아니라 어떤 평범한 사람의 친구 자격으로 갔던 것이기에 이코노미석을 타고 간 것이다(윌리엄 왕세손은 영국 왕자의 자격으로 공식 행사에 나가면 전용기를 탄다).

사실 윌리엄 왕세손이 개인으로 여행할 때 이코노미석을 이용한 것은 한 번이 아니라 늘 있었던 것이다. 윌리엄이 공군에서 복무하던 시절 지금의 부인인 미들턴과 스위스에 휴가를 간 적이 있었다. 이때도 그는 이코노미석을 이용했다. 이유는 영국 왕실 공식행사가 아니라 케이트 미들턴이라는 여자의 남자친구 자격이었기 때문이다. 만일 그때 일등석을 이용했다면 아직 평범한 아가씨인 미들턴 입장을 생각하면 스포트라이트가 부담될 수 있었고 휴가는 언론에 공개될 수밖에 없었을 것이다. 이런 미들턴의 마음을 윌리엄은 알았기에 이코노미석을 이용했던 것이다.

잡스나 윌리엄 왕세손의 일화처럼 그 사람이 행동할 때만 고정관념을 가지고 보는 것이 아니다. 그 사람이 이야기를 듣고 이야기할 때도 우리는 고정관념을 가진다. 그래서 우리가 소통할 때 상대에게 고정관념을 가지고 대하는지를 생각해보고 임해야 할 것이다. 상대의 이야기를 들을 때 고정관념을 버리고 상대의 입장에 서서 주의 깊게 바라본다면 상대의 진짜 의도를 알 수 있고, 나 또한 그 의도에 맞게 조언을 해줄 수 있을 것이다. 내가 상대의 입장에 서서 생각한다면 상대도 마찬가지일 것이다. 상대도 내가 이야기할 때 내 입장에 서서 바라볼 것이고, 내 입장에서 조언해 줄 것이다. 이렇게 편견과 선입견을 버릴 때 경청할 수 있고 소통이 잘될 수 있는 것이다.

| 상대에 대한 존중, 편견과 선입견을 버리는 것이다 |

소통할 때 가장 중요한 것이 상대의 이야기를 잘 듣는 것, 즉 경청을 잘하는 능력이라고 할 수 있다. 내가 상대의 이야기를 경청할 때 상대도 나의 이야기에 경청을 할 수 있다. 서로의 이야기에 경청하는 것은 서로가 상대를 그만큼 존중해 준다는 뜻이기도 하다. 이를 바꿔 말하면 상대에 대한 존중이 바탕이 되지 않는다면 상대의 이야기를 경청할 수 없다는 것이다.

상대를 존중한다는 것, 이것은 경청하는 데 중요한 것이지만 대부분의 경우 이를 제대로 실천하지 못하고 있다. 이는 사람들의 내면에 각자 '자신이 최고'라는 생각을 하고 있고 이를 다른 사람에게 보여주려는 욕구가 있기 때문이다. 그런데 한 사람이 모든 분야에서 최고일 수는 없다. 어떤 분야는 내가 잘하는 분야일 수도 있고, 또 어떤 분야는 다른 사람이 잘하는 분야일 수도 있다. 때문에 '내가 모든 것에 최고'라는 생각을 하는 것이나 겉으로만 보여지는 상대의 보습만을 보고 섣부르게 판단하는 것은 잘못이다.

겉모습만 보고 사람을 판단하는 것, 바로 이것이 편견과 선입견이라는 고정관념이다. 이런 고정관념을 가지고 다른 사람을 판단한다면 그르친 판단을 하는 경우가 있고, 때에 따라서는 상대를 낮춰서 보는 경우가 있다. 이렇게 되면 상대도 자존심이 상하고 더 이상의 대화는 진전되지 않을 것이다.

이처럼 내가 상대에 대해 고정관념을 가지고 바라보면 상대의 이야기를 제대로 들을 수 없을 것이다. 상대가 하는 이야기의 핵심이 무엇인지, 진짜 나에게 하고 싶은 말이 무엇인지 제대로 파악할 수가 없을 것이다. 이렇게 되면 당연히 상대의 이야기를 경청할 수 없을 것이다. 또한, 내가 상대의 이야기를 경청하지 않는데 상대가 나의 이야기를 경청하지는 않을 것이다. 이러면 제대로 된 소통을 할 수 없을 것이다.

나도 사실 얼마 전까지는 편견과 선입견을 가지고 있었다. 이 편견과 선입견을 깨뜨리게 해 준 사람이 친구 W이다. W는 기계공학을 전공하고 현재는 기계를 설계하는 일을 하고 있다. 그와 내가 친하게 지내는 친구 중에는 M이라는 친구가 있다. 이 M은 고졸에 엔진 수리를 하는 일을 하고 있다. 그 때문에 한때 나는 겉으로 표현하지는 않았지만, 기름때를 묻히며 일하는 사람이라고 얕본 적이 있었다. 이런 나를 변화하게 해준 사람이 바로 W이다. W는 M을 대할 때 고정관념 없이 대한다. W는 항상 M에게 "내가 기계 설계하는 데는 전문가이지만 엔진 상태가 어떤지 알아보는 데는 M 네가 최고다. 그래서 내가 지인들에게 너를 추천해준다"라고 말을 하곤 한다. 이 말에는 W가 M을 엔진 전문가로서 존중한다는 뜻이 담겨 있었다. 나도 그 자리에서 W가 M을 진정으로 존중하고 있다는 것을 알았고 마음이 바뀌는 계기가 되었다. 그 뒤로 나도 M에게 "내가 컴퓨터 쪽에서는 전문가지만 엔진 상태가 어떤지는 M 자네가 전문가 아닌가?" 하면서 진심으로 말했다. 그랬더니 그와 나는 허심탄회하게 소소한 일까지 이야기하는 사이가 되었다. M도 나에게 가끔 컴퓨터가 고장 났을 때 "컴퓨터는 네가 전문가니까 점검좀 부탁한다"고 말한다.

이처럼 내가 상대를 편견과 선입견 없이 진심으로 존중해줄 때 상대 또한 나를 진심으로 존중해 준다. 이렇게 되면 서로의 이야기를 경청할 수 있고, 그에 따라 소통도 잘할 수 있는 것이다.

이러한 것은 데일 카네기의 저서 『인간관계론』에서도 나온다. 『인간관계론』에서 카네기는 몇 가지 일화를 들어 내가 상대를 존중해줄 때 상대도 나에게 호감이 갈 수 있고, 이것이 소통으로 이루어질 수 있다고 한다.

엑스레이 제조업자도 이와 같은 심리를 이용해 브루클린에 위치한 대형병원 중 한 곳에 자신의 물건을 팔았다. 이 병원은 확장하면서 국내에서 가장 뛰어난 엑스레이과를 위한 장비 마련을 계획하고 있었다. 엑스레이과 책임을 맡고 있는 L 박사는 자신의 제품 자랑들을 늘어놓는 영업사원들에 둘러싸여 정신이 없었다.

그러나 한 제조업자는 굉장히 능숙했다. 그는 다른 사람들보다는 사람 다루는 방법을 훨씬 더 잘 알고 있었다. 그는 이런 편지를 보냈다.

"저희 공장은 최근에 새로운 엑스레이 장비를 제작, 완성했습니다. 그 신제품의 첫 번째 상품이 이제 막 저희 회사에 도착했습니다. 아직 장비가 완벽하지 않습니다. 저희도 그 점을 알고 있기 때문에 좀 더 개선하고 싶습니다. 박사님께서 제품을 살펴보시고 어떻게 하면 좀 더 유용한 제품으로 개선할 수 있을지 알려주신다면 저희로서는 더 없이 감사할 따름입니다. 박사님께서 바쁘신 점은 알고 있기 때문에 편한 시간을 알려주시면 저희 쪽에서 차를 보내드리겠습니다."

수업에 나왔을 때 L 박사가 그때의 일을 말해 주었다. "저는 그 편지를 받고 적잖이 놀랐습니다. 놀란 동시에 기분이 좋았습니다. 한 번도 제 조언을 구하는 엑스레이 제조자가 없었기 때문입니다. 이 편지는 제가 중요한 인물이

라는 생각이 들게 했습니다. 사실 그 주에 밤마다 약속이
있었습니다만 그 장비를 보기 위해 저는 저녁 약속 하나
를 취소했습니다. 장비를 살펴보면 볼수록 저는 그 장비가
마음에 들었습니다."

"어느 누구도 제게 그 장비를 팔려고 애쓴 사람이 없었습니
다. 그렇지만 저는 제 스스로 병원을 위해 이 장비를 사야
겠다는 생각이 들었습니다. 제 사진이 그 장비의 훌륭한 기
능이 마음에 들어 장비를 병원에 설치해달라고 했습니다."

— 데일 카네기, 『인간관계론』 중에서

데일 카네기의 『인간관계론』에 나온 일화는 비스니스에 대한 것
이다. 비즈니스도 따져보면 사람과 사람이 하는 것이다. 비즈니스
를 할 때도 상대의 진짜 의도가 무엇인지 알아야 한다. 그래야 계
약을 하든지, 물건은 팔든지 할 게 아닌가. 만일 상대의 의도를 제
대로 파악하지 못한다면 계약이나 판매는 물 건너갈 것이다. 상대
의 의도를 제대로 파악하는 것, 이것은 바로 상대에 대한 편견과 선
입견이라는 고정관념을 버리고 상대의 입장에 서서 객관적으로 바
라보는 것에서 시작된다.

그래서 소통할 때 고정관념을 버리는 것이 중요하다. 들을 때나
말할 때는 상관없이 내가 상대의 입장에 서서 객관적으로 바라보
자. 이렇게 하면 상대의 이야기에 경청할 수 있을 것이고, 한층 업
그레이드된 소통을 할 수 있을 것이다.

Chapter 3
경청의 방법 3:
상대의 이야기를 잘 들어라

| 경청은 상대의 이야기를 잘 듣는 것이다 |

소통할 때 가장 중요하고 우선으로 해야 하는 것이 상대의 이야기를 들어주는 것이다. 일상생활이든 어디든 어떤 한 사람이 이야기하면 다른 사람들은 그 이야기를 들어주어야 한다. 이때 다른 사람의 이야기를 듣는다고만 해서 그 사람이 하는 이야기를 전부 이해했다고 할 수는 없다. 물론 말하는 사람의 이야기를 100% 이해하기는 어렵다. 하지만 우리는 말하는 사람의 이야기를 100% 이해할 수는 없어도 가능한 한 말하는 사람의 의도를 알고 들을 수는 있다. 이때 가장 중요한 것이 다른 사람의 이야기를 들을 때 제대로 들어야 한다는 것이다. 즉, 다른 사람의 이야기를 경청해야 한다는 것이다.

소통은 한 사람이 일방적으로 이야기한다고 해서 되는 것은 아니다. 일반적으로 소통은 두 사람 이상이 이야기를 주고받아야 하는 것이다. 그런데 우리는 늘 나의 이야기를 말하고 싶어 한다. 그래서 가장 먼저 생각하는 것이 내가 말할 타이밍이다. 내가 말할 타이밍을 잡는 것은 아주 중요하다. 여기에는 한 가지 전제조건이 있다. 내가 말할 타이밍을 잡기 전에 상대의 이야기를 제대로 들어주고, 상대의 말이 끝나고 나서 나의 이야기를 해야 하는 것이다. 이렇게 해야만 맥이 끊이지 않을 수 있고 말하는 주제에 맞춰서 이야기할 수 있다.

그만큼 소통에서는 상대의 이야기를 제대로 듣는 것, 즉 경청하는 것이 아주 중요하다. 우리는 스스로 생각할 때 상대의 이야기를 잘 듣는다고 생각하지만 실제로는 그렇지 않은 경우가 많다. 대부분의 사람은 상대가 이야기할 때 제스처를 취하거나 '음…'과 같은 말을 하면서 반응을 보인다. 이것이 어떻게 보면 상대의 이야기를 잘 듣고 있는 것처럼 보일 수 있다. 하지만 상대의 야기가 끝난 후 자신의 이야기를 할 때 어떻게 이야기를 하는지를 보면 상대의 이야기에 경청하는지 그렇지 않은지를 알 수 있다.

상대의 이야기가 끝나고 자신이 이야기할 때 상대의 이야기를 제대로 들었다면 상대의 이야기의 내용에 맞추어 이야기한다. 하지만 그렇지 않은 경우는 이야기가 다른 쪽으로 빠져버린다. 이것이 바로 경청을 했는지 아닌지의 차이점이다. 그렇다면 경청을 잘하는 사람들은 어떤 특징을 보일까?

경청을 잘하는 사람들은 상대의 이야기를 철저하게 상대의 입장에서 바라본다. 즉, 상대의 입장에 서서 바라보는 것이다. 또한, 이야기할 때 내가 중심이 아니라 상대가 중심이 될 수 있게끔 해준다. 반면 경청을 못 하는 사람들은 상대의 이야기를 나의 입장에서 바라보고 철저히 내 중심으로 이야기한다. 이렇게 되면 상대는 나를 어떻게 볼까? 겉으로는 표시내지 않을 수도 있지만 속으로는 분명 불편하게 느낄 것이고, 답답하게 느낄 것이다. 이렇게 되면 다시는 나와 대화하지 않겠다는 생각을 가질 수도 있다.

그래서 상대의 이야기를 들을 때는 경청해야 하고, 경청하기 위해서는 철저하게 상대의 입장에서 보고, 듣고, 생각해야 하는 것이다.

이러한 것은 우리 주위에서 고민 상담을 잘하는 사람들, 특히 스님이나 신부님 수녀님 같은 사람들을 보면 알 수 있다. 이런 사람들은 상대가 고민이 있어 자신의 이야기를 털어놓을 때 상대의 고민을 자신의 입장에서 보는 것이 아니라 철저히 상대의 입장에서 고민을 바라보고 상담해준다. 실제로 이렇게 상담을 받고 돌아가는 사람들은 많은 도움을 얻는 경우가 많다.

얼마 전 나는 점심을 먹기 위해 한 일식집에 들어간 적이 있었다. 일식집에 들어가자마자 나는 자리를 잡고 주문했다. 주문하고 요리가 나오는 동안 주위를 둘러보았다. 바로 옆 테이블에 40대로 보이는 아줌마 한 분과 수녀님 한 분이 앉아 있었다. 그들도 나와 마찬가지로 점심을 주문하고 요리가 나오기를 기다리는 중이었다.

이때 나는 바로 옆자리에 있어서 그들이 하는 이야기를 들을 수 있었다.

　이야기를 먼저 꺼낸 사람은 40대 아주머니였다. 이야기의 내용은 아주머니와 시댁, 그중에서도 시어머니와의 의견이 충돌할 때 남편의 태도였다. 그 아주머니의 남편은 아주머니와 그녀의 시어머니가 의견 충돌로 다툼할 때 항상 시어머니 편을 들어서 섭섭하다는 것이다. 그래서 어떻게 해야 할지 몰라 수녀님에게 물어본다는 것이다. 이때 수녀님은 중간에 아주머니의 말을 끊지 않고 끝까지 듣고 있었다. 한눈에 보기에도 수녀님은 아주머니의 이야기를 경청하고 있는 것이 보였다. 그리고 아주머니의 이야기가 끝나자 수녀님은 비로소 이야기하기 시작했다.

　수녀님의 이야기 내용은 이런 것이었다. 수녀님은 아주머니에게 남편이 처갓집(아주머니의 친정)에서 장인이나 장모와 의견 충돌로 다툼이 있을 때 어떻게 했느냐고 물어보았다. 아주머니는 당연히 친정 부모님의 편을 든다고 했다. 그리고는 수녀님이 "자매님, 자매님이 남편의 입장에서서 한 번 생각해 보세요. 그러면 답이 나올 것입니다. 한 가지 이야기를 하자면 이 세상에는 끊을래야 끊을 수 없는 관계가 있고, 끊고 싶으면 끊을 수 있는 관계가 있습니다. 이를테면 부모와 자식 관계는 끊고 싶어도 끊을 수가 없어요. 하지만 부부 관계는 법원에서 이혼서류에 도장만 찍으면 끊을 수 있어요. 자매님, 그러면 자매님 고민의 답은 무엇이겠어요?"라고 말했다.

　이 말이 끝나고 잠시 침묵이 흘렀다. 침묵이 흐른 뒤 수녀님은

"친정에서 친정 부모님과 남편이 의견이 갈려 충돌이 있을 때 남편의 편을 들어 주세요. 그리고 남편의 편을 들어준 이유를 친정 부모님께 말씀드리세요. 그러면 친정 부모님은 이해하십니다. 이렇게 자매님이 남편의 편을 들어준다면 시댁에서 남편이 자매님의 편을 들어줄 겁니다. 부모님도 부모와 자식 관계는 끊을 수가 없고 부부 관계는 끊을 수 있다는 것을 알 거예요. 그리고 당연히 이혼하는 것은 반대하겠죠"라고 말했다.

나는 이 말을 듣고 어떻게 수녀님이 명답을 줄 수 있는지 생각해 보았다. 수녀님이라면 결혼을 하지 않고 평생을 독신으로 살아가야 하는 사람이 아닌가. 그런데 부부 관계의 고민을 해결하는 것이 조금은 의아해했다. 생각해 보니 수녀님의 태도에서 그 답이 나온 것이다. 수녀님은 아주머니의 이야기를 경청하고 있었고, 아주머니의 이야기를 철저히 아주머니의 입장에서 보고 생각했던 것이다. 그렇지 않고서는 나올 수가 없었다.

수녀님이 아주머니의 고민을 해결한 것은 수녀님이 아주머니의 이야기를 경청하고 있었던 것이다. 그렇기 때문에 좋은 답을 내놓을 수 있었던 것이다. 만일 수녀님이 아주머니의 이야기를 경청하지 않았다면 이런 명답은 나오지 않았을 것이다.

이처럼 소통을 하는 데 있어서 제대로 듣는 것, 즉 경청을 잘하는 것은 아주 중요하다. 『경청』의 저자이자 현재 서울시장인 박원순 시장은 이 『경청』이라는 책에서 경청의 10원칙에 대해 말하고 있다. 여기서 이 방법을 소개하겠다.

1. 말을 음미하라.

2. 경청을 제도화하라.

3. 편견 없이 들어라.

4. 효율적으로 들어라.

5. 반대자의 의견을 들어라.

6. 두려워하지 말고 그들의 가운데로 들어가라.

7. 신뢰를 얻기 위해 때로는 용서를 빌어라.

8. 절실하게 들어라.

9. 말하는 사람을 신뢰하라.

10. 말하는 것 이상을 들어라.

— 박원순, 『경청』 중에서

박원순 시장이 자신의 저서인 『경청』에서처럼 제대로 듣는 것. 이 것은 소통을 잘하고 한 단계 더 업그레이드시키는 길이다.

| 상대 이야기의 핵심을 파악하며 들어라 |

우리가 상대의 이야기를 들을 때 가장 중요한 것이 상대의 이야 기를 제대로 들어야 한다는 것이다. 즉, 상대의 이야기에 경청해야 한다는 것이다. 경청을 잘하기 위해서는 무엇보다 내가 상대의 입 장에서 보고, 듣고, 생각해야 한다. 이렇게 해야 정말로 상대가 나 와 대화를 통해 말하고 싶은 것이 무엇인지 제대로 파악할 수 있다.

상대가 나와 대화할 때 중요한 것은 내가 상대의 이야기를 경청해 주는 것이다. 그런데 상대의 이야기에 경청해 주는 것만으로는 무엇인가 부족하고, 듣는 사람의 입장에서도 경청을 어떻게 해야 할지 모르는 경우가 있다. 그래서 상대의 이야기를 들을 때 경청하는 것도 중요하지만, 그 이야기 속에서 상대가 정말 하고 싶은 이야기의 핵심을 파악하는 것이 중요하다. 상대 이야기의 핵심을 파악한다면 듣는 사람도 좀 더 집중해서 들을 수 있고, 자신의 입장도 그 핵심 포인트에 맞추어 정리할 수 있다.

그렇다면 어떻게 상대가 말하려는 이야기의 핵심 포인트를 알 수 있을까? 상대와 대화할 때 대화의 핵심 포인트를 잡아내는 것은 간단한 일이 아니다. 그렇기 때문에 1차적으로 상대의 이야기에 경청해야 한다. 상대의 이야기를 제대로 듣는다면 상대 이야기의 흐름을 파악할 수 있다. 이것으로 상대 이야기의 핵심 포인트에 접근할 수 있다. 2차적으로는 상대의 이야기를 내 입장이 아니라 상대의 입장이 되어서 듣고 생각해야 한다. 내가 상대의 입장에 되어 보면 상대가 정말로 하고 싶은 말의 핵심 포인트가 보인다.

상대 이야기의 핵심 포인트가 보인다면 상대의 이야기를 들을 때 이 핵심 포인트에 집중해서 들어야 한다. 이때도 상대의 입장에서 핵심 포인트를 바라보아야 한다. 핵심 포인트를 잡았다면 핵심 포인트에 초점을 맞추어야 한다. 그리고 이 핵심 포인트가 말하는 의미가 무엇인지 파악하고 생각을 정리해야 한다. 그렇게 정리해 보면 상대가 하는 이야기에 대한 조언이나 해결책을 보다 나은 방법으로 제시해 줄 수 있다.

이런 것은 내가 몇 년 전 나보다 한 살 어린 같은 회사 직원 J가 나에게 한 가지 질문한 것에서 실감했다. 하루는 J가 나에게 한 가지 질문을 해왔다. 그 내용은 자신이 회사의 이메일 계정을 통해 거래처와 메일을 주고받는 데, 송신하는 데는 문제가 없으나 수신이 제대로 되지 않는다는 것이다. 분명 거래처에서는 메일을 보냈다고 연락했는데 정작 J는 메일을 수신하지 못했다. 이 말을 듣고 나는 생각했다. 만일 특정한 회사로부터 오는 메일만 수신되지 않는다면 그 회사 메일 서버에 문제가 있는 것이고, 특정한 회사가 아니라 여러 회사라면 우리 쪽에서 문제가 있는 것이었다.

그래서 나는 J에게 언제부터 메일이 수신되지 않았는지 물어보았다. 그는 30분 전부터 수신이 되지 않았다고 했다. 그는 그 전까지는 메일을 주고받는 데 문제가 없었는데 30분 전 한 회사의 동영상 파일이 첨부된 메일이 도착하지 않은 후부터 문제가 있었다고 했다. 아울러 이전까지는 동영상 파일이 첨부된 메일을 주고받는 데 아무런 문제가 없었다고 했다. 이때 나는 J 이야기의 핵심이 '동영상 파일'이라는 것을 파악했다. 이후 그의 메일계정으로 수신된 동영상 첨부 파일을 살펴보았고 한 가지 공통적인 것을 발견했다. 그것은 동영상이 재생되는 시간과 관계없이 크기가 작았다. 이것을 파악하고 J에게 동영상 메일을 보낸 회사 담당자에게 전화해서 동영상의 크기가 어떻게 되는지 물어보라고 했다.

이 말을 들은 그는 바로 전화했고, 자신이 받기로 했던 동영상의 크기가 당시 서버의 성능으로는 감당이 되지 않는 크기였다(물론 현재는 서버를 교체해서 문제가 없다). 이후 나는 메일 서버를 점검했고, 그 동영상 파일을 첨부해서 보낸 메일의 수신을 강제 종료시켰다. J에게는 그 회사 담당자에게 파일 크기를 줄여서 보내 달라는 전화를 하라고 했다. 그래서 J는 전화했고 메일은 정상적으로 수신되었다.

여기서 내가 J의 문제를 해결했던 데에는 J가 말하는 문제의 핵심 포인트를 알았기 때문이다. 만일 내가 '메일 수신'이 안 된다는 이야기에 집중하지 않았다면 문제를 어렵게 풀었고 J에게 짜증을 내었을 수도 있었다. 또한, J와 나와의 관계도 좋지 않았을 것이다. 이처럼 상대가 고민을 이야기할 때 상대가 하는 말의 핵심 포인트를 파악하는 것이 중요하다.

이러한 것은 데일 카네기가 『인간관계론』에서도 언급하고 있다. 이 책에서 카네기는 유진 웨슨이라는 사람이 자신의 디자인 스케치를 높은 가격에 많이 판 비결을 상대가 말하는 핵심 포인트를 알았기에 가능한 것이라고 말하고 있다.

> 타인의 강요로 물건을 사거나 일을 하라고 명령을 듣는 것을 좋아하는 사람은 없다. 우리는 자신의 의사로 물건을 사거나 자신의 생각에 따라 행동하는 것을 더 좋아한다. 우리는 우리 자신이 원하고 바라고, 생각하는 것에 대해 말하고 싶어한다.

그 예로, 유진 웨슨 씨의 이야기를 들어보자. 그는 이 진실을 깨닫기 전에는 수수료에서 수천 달러의 손해를 봤다. 웨슨 씨는 스타일리스트와 직물 제조업자에게 디자인을 제작해 주는 스튜디오에서 만든 스케치를 판매하는 일을 한다. 웨슨 씨는 3년 동안 매주 한 번씩 뉴욕의 유명 스타일리스트들 중 한 명에게 찾아갔다. 웨슨 씨는 말했다. "그는 한 번도 제 방문을 거절한 적이 없습니다. 그렇지만 물건을 사는 일 또한 없었습니다. 그는 항상 제 스케치를 면밀히 검토하고는 이렇게 말했습니다. '안 되겠는데요, 웨슨 씨. 오늘 보여주신 건 저희하고는 잘 어울리지 않는 것 같습니다.'"

거의 150번 실패 끝에 웨슨 씨는 자신이 너무 판에 박힌 생각을 하고 있었다는 것을 깨달았다. 그래서 인간행동에 영향을 미치는 방법에 대한 공부를 위해 일주일에 하루 저녁을 할애하기로 했다.

이내 그는 새로운 접근방식을 시도해보고자 했다. 그 제작자가 아직 완전하지 못한 스케치 6개 정도를 들고서 그는 그 고객의 사무실로 발걸음을 재촉했다. 그는 이렇게 말했다. "제가 선생님께 부탁할 일이 있습니다. 여기 미완성 스케치가 있는데 이 스케치를 어떤 식으로 완성해야 선생님께 제공할 만한 스케치가 될지 한 말씀해 주시면 감사하겠습니다."

그 고객은 한동안 말없이 스케치만 보더니 이렇게 말했다. "웨슨 씨, 스케치는 여기 두고 가시고, 며칠 뒤에 다시 오세요."

웨슨 씨는 3일 뒤에 다시 찾아가 그 고객의 제안 사항을 듣고 두고 간 스케치를 들고 스튜디오로 돌아왔다. 그리고 그 고객이 말한 요구대로 스케치를 마무리 지었다. 결과가 어땠을까? 모든 스케치가 팔렸다.

이 일은 9달 전에 일어난 일이다. 이 일이 있고 나서 그 고객은 자신의 생각이 반영된 스케치를 몇 점을 더 주문했다. 그 모든 제품을 판 결과 웨슨 씨는 1,600만 달러 이상의 수수료를 벌어들였다. 웨슨 씨는 말했다. "이제 저는 몇 년간 그 고객에게 물건을 팔지 못한 이유를 깨달았습니다. 저는 제가 생각하기에 그 고객이 구매해야만 하는 제품을 사라고 했던 것이죠. 이제 저는 그때와 정반대입니다. 저는 그에게 그의 생각을 들려달라고 부탁합니다. 이제 그 고객은 자신이 디자인을 만들고 있다고 느낍니다. 실제로도 만들고 있습니다. 저는 이제 그에게 물건을 팔 필요가 없습니다. 그가 사고 있으니까요."

— 데일 카네기, 『인간관계론』 중에서

유진 웨슨도 처음에는 자신의 스케치가 왜 퇴짜를 맞았는지 이해를 하지 못했다. 이유는 상대가 원하는 것의 핵심 포인트를 제대로 잡지 못했기 때문이다. 즉, 제대로 경청을 하지 못했던 것이다. 그러던 그가 1,600만 달러의 수수료를 받은 데는 바로 상대가 원하는 것의 핵심 포인트를 제대로 파악한 것이 효과를 본 것이다. 그 핵심은 고객이 직접 제품 디자인을 하고 싶다는 것이었다.

이처럼 경청할 때 상대가 말하는 바의 핵심을 잡고 그것을 이해하는 것은 그렇지 않은 경우와 비교하면 전혀 다른 결과가 나온다. 이는 소통할 때도 마찬가지다. 상대 이야기의 핵심 포인트를 정확히 짚고 소통하면 효과적으로 이루어질 수 있는 것이다.

| 상대의 입장에서 상대의 이이기를 들어라 |

경청은 한 마디로 말해서 잘 듣는 것이다. 잘 듣는 것은 제대로 듣는다는 것을 뜻한다. 상대의 이야기를 제대로 들으려면 상대가 하는 이야기의 핵심을 제대로 파악하는 것이 우선이다. 상대가 하는 이야기의 핵심 포인트를 잘 파악하려면 내가 상대의 입장에 서서 상대의 이야기를 들어야 한다. 즉, 내가 입장을 바꾸어 상대의 입장이 되어 보는 것이다. 상대의 입장이 되어서 상대의 이야기를 들으면 보다 객관적으로 상대의 이야기를 들을 수 있고, 상대가 말하는 바의 핵심 포인트를 제대로 잡을 수 있다. 이렇게 하는 것이 제대로 듣는 것, 즉 경청하는 것이다.

상대의 입장에서 상대의 이야기를 들으려면 우선 상대에 대해서 제대로 파악하는 것이 중요하다. 예컨대 상대의 직업이 무엇이고,

성격이 어떤지, 최근의 관심사가 어떤지가 그것이다. 이런 것을 제대로 파악하면 상대를 좀 더 제대로 이해할 수 있다. 상대의 스타일을 안다면 상대의 스타일로 한번 상대를 바라보는 것이 중요하다. 그러면 상대가 나에게 하려고 하는 이야기의 핵심 포인트를 잡을 수 있다. 핵심 포인트를 잡으면 그 핵심 포인트를 상대의 입장에 서서 바라보자. 상대의 입장에서 핵심 포인트를 바라보면 나의 관점에서 바라보는 것과는 다르다는 것을 알 수 있다.

상대의 입장에서 핵심 포인트를 바라보면 상대가 하는 이야기의 본질을 알 수 있다. 이 본질에 따라 내가 이야기할 때 좀 더 상대에게 효과적으로 할 수 있고, 나아가 내가 상대에게 조언해 주거나 상대가 가진 문제에 대한 해결을 해줄 때 정말 상대에게 도움이 되는 쪽으로 이야기해 줄 수 있다. 또한, 상대의 입장에서 핵심 포인트를 바라보면 때에 따라서는 진심에서 나오는 상대의 협력을 이끌어낼 수 있다.

『누가 내 치즈를 옮겼을까』, 『행복』, 『멘토』의 저자 스펜서 존슨은 그의 다른 저서인 『성공』에서 진정한 성공을 하기 위해서 필요한 것 중의 하나가 상대의 이야기에 경청하라는 것이다.

> "나는 보험 세일즈를 하기 전에 레이디얼 타이어 세일즈를 한 적이 있어요. 당시 나는 그 누구보다 높은 실적을 올렸지요."
>
> 대니가 빙그레 웃으며 끼어들었다.

"그것도 다른 세일즈맨들보다 훨씬 더 적은 시간에 말이
지요."

던키스트 역시 웃으며 답했다.

"그걸 어떻게 알았죠? 한 번은 트럭 운송회사를 방문한 적
이 있었어요. 납품을 따내기 위한 경쟁이 정말 치열한 곳
이었죠."

"그런데 구매 담당자의 책상을 보니 가족사진이 있는 게
아니겠어요. 우리는 인생에 대해 이야기하다 우리 둘다
가족을 중시한다는 사실을 알게 되었어요. 그는 자신의
회사에서 근무하는 트럭 운전사들에 대해 이야기했어요.
그들이 얼마나 자주 가족들과 떨어져 있어야 하는지, 만
약 그들에게 무슨 일이 생기면 남은 가족들이 어떻게 될지
에 대해서 말입니다."

"그 이야기를 들은 후 나는 우리 회사 레이디얼 타이어가
얼마나 안전한지 설명했습니다. 다른 회사는 모두 내구성
과 경제성을 내세웠지만요. 과연 누가 계약을 따냈을까
요?"

"던키스트 씨, 당신이겠죠! 몇 분이라는 시간을 내서 구매
자가 정말로 관심을 갖고 있는 부분, 즉 안전성에 대해 경
청함으로써 말이에요. 당신이 생각하는 제품의 중요성에
대해 이야기하는 대신에 말이죠."

"그렇습니다. 세일즈에 성공하려면 상대방이 원하는 것이

무엇인지 파악해야 해요."

— 스펜서 존슨, 『성공』 중에서

스펜서 존슨의 『성공』에 나오는 던키스트의 이야기에서 던키스트가 성공을 거둘 수 있었던 이유는 바로 상대방의 이야기를 경청했기 때문이다. 여기에다 던키스트는 상대가 하는 이야기의 핵심 포인트를 제대로 파악했기 때문이다. 그 핵심 포인트는 가족이고, 좀 더 트럭회사 운송원이 사고 없이 가족들과 볼 수 있으려면 중요한 것이 안전이다. 타이어를 파는 던키스트의 회사라면 가장 중요한 것이 타이어의 안전성이고, 이 안전성을 상대가 말하는 핵심 포인트인 가족과 연결해 계약을 따냈던 것이다. 바로 이것이 경청할 때 상대의 입장에 서서 생각하고 핵심 포인트를 잡는 것이다.

이처럼 상대 이야기의 핵심 포인트를 정확히 짚고 경청한다면 소통에서 긍정적인 결과를 가져올 수 있는 것이다. 그만큼 상대 이야기를 상대의 입장에서 제대로 듣는 것이 중요한 것이다.

| 상대의 이야기를 제대로, 관심 있게 듣는 것이 경청이다 |

상대의 이야기에 경청하려면 우선 상대에 대한 관심이 있어야 한다. 상대에 대한 관심이 있어야 상대의 이야기도 제대로 들을 수 있는 것이다. 이는 사람들이 이성, 특히 관심이 가는 이성에게 접근할 때 많이 나타난다. 나도 관심이 가는 여성이 있으면 주위 사람에게 그 사람의 취미나 성격 같은 것을 물어보면서 파악한다. 여기에다 그 사람이 무엇을 좋아하고 스타일이 어떤지를 관찰한다. 이렇게 관심 있게 이성을 보고 나서 대화하면 대화하기가 한결 수월해진다. 이는 소통에서도 마찬가지다.

소통하기 위해서는 우선적으로 상대의 이야기를 잘 들어야 한다. 상대의 이야기를 제대로 듣기 위해서는 바로 상대에 대해 관심이 있어야 한다. 상대에 대해 관심이 있다는 것은 상대를 존중한다는 말이기도 하다. 상대를 존중하는 것은 내가 상대에 대해 관심이 없으면 할 수 없다. 내가 상대에게 관심이 없는데 어떻게 존중을 할 수 있으며 상대의 이야기를 들을 수 있을까? 이는 불가능한 것이다. 상대에 대한 관심이 있어야 상대를 존중할 수 있다. 이때 비로소 상대를 나와 같은 대화의 상대로서 볼 수 있다.

내가 상대에 대해 관심을 가지면 자동적으로 상대의 스타일을 알게 될 것이고, 상대의 이야기를 들을 때도 이 스타일을 참고해서 들을 수 있다. 이 말은 상대의 입장에 서서 객관적으로 들을 수 있다는 것이다. 또한, 내가 상대에게 관심을 가지면 제대로 듣기 싫어도 제대로 들을 수밖에 없다. 사람들은 자신이 관심을 가지는 부분에 대해서는 제대로 듣고, 경청하면서 상대 입장에서 이해하는 경우가 많다.

소통할 때도 이는 마찬가지다. 상대와 소통할 때 상대에게 관심을 가지면 더 많은 것을 들을 수 있고, 나도 더 많은 것을 얻어갈 수 있다. 앞서 말했던 스펜서 존슨의 『성공』에서 던키스트가 트럭 운송회사에 타이어를 세일즈 했을 때도 상대에 대한 진정한 관심이 있었기에 계약을 할 수 있었다. 만일 던키스트가 돈만 바라보고 상대에 대한 관심이 없었다면 계약을 따내지 못했을 것이다.

이와 비슷한 사례가 이전에 언급했던 손정의와 스티브 잡스의 이야기이다. 손정의와 잡스는 독대를 한 적이 있었다. 여기서 손정의는 MP3 플레이어인 아이팟 터치에 전화 기능을 넣어보라고 잡스에게 권유했다. 이것이 우리가 사용하고 있는 아이폰이 나온 시작점이었다. 아이폰이 나오게 된 데는 잡스가 손정의의 이야기에 관심을 가지고 들었다는 것을 알 수 있다. 잡스가 손정의의 이야기에 관심을 가지고 "그 기계(아이폰)가 팔릴 수 있을까?"라고 물어본 대목이 그것이다. 만일 잡스가 손정의의 이야기에 관심이 없었다면 이런 이야기를 대충 듣고 넘어갔을 것이다. 또한 '아이폰'이라는 것도 세상에 나오지 않았을지도 모른다.

잡스가 손정의의 말에 관심을 갖고 있었기에 잡스는 손정의의 말을 더 자세히 들어보려고 했던 것이다. 바로 이것이 제대로 경청을 하는 것이고, 경청을 잘하기 위해서는 상대에게 관심을 가지는 것이 중요하다는 것을 보여주는 것이다.

Chapter 4

경청의 방법 4:
공감하면서 들어라

| 상대의 이야기에 공감하라 |

상대의 이야기를 경청할 때는 상대의 입장에 서서 상대가 말하는 바의 핵심 포인트를 정확히 파악하는 것이 필수다. 상대가 하는 이야기의 핵심 포인트를 정확히 파악하기 위해서는 상대의 이야기에 공감해야 한다. 상대의 이야기에 공감한다는 것은 내가 상대에게 관심이 있다는 것을 표현해 주는 것이다. 상대 입장에서 내가 자신에게 관심이 있는 것을 안다면 이야기할 때 좀 더 편하고 상세하게 이야기할 수 있다.

듣는 입장에서 상대가 상세하게 이야기하면 어떤 느낌을 받을까? 이는 듣는 사람도 마찬가지로 상대가 나에게 관심이 있다는 것을 알 수 있다. 이렇게 되면 좀 더 수월하게 소통이 이루어질 수 있을 것이다.

상대 이야기에 공감을 잘하는 사람을 꼽으라면 단연 세종이다. 『세종실록』에 나오는 세종의 어법을 보면 이를 알 수 있다. 세종은 신하들이 자신의 의견을 말할 때 신하들의 의견을 끝까지 듣고 "경의 생각에 동의한다. 허나 과인의 생각은 이러하니 우리 논의를 해보자"라고 말한다. 이는 세종이 정책을 펴는 데 신하들과 공감을 한다는 것을 보여주는 것이다. "경의 말에 동의한다"는 말이 곧 세종이 신하들의 의견에 큰 틀에서 공감한다는 것이다. 그리고 그 틀 안에서 자신의 이야기를 한다. 또한, 이런 것을 가지고 신하들과 토론하며 정책을 수립한다.

세종이 신하들과 정책을 논의할 때 쓰는 어법은 겉으로만 세종이 신하들의 생각에 동의하고 공감하는 것이 아니라 진심으로 공감한다는 뜻이 담겨 있다. 그렇지 않고서는 세종 시기 이룩한 빛나는 업적이 나올 수가 없었기 때문이다. 세종 시대의 찬란한 업적은 바로 세종의 공감하는 정신에서 나온 것이다.

세종과 비슷하게 상대의 의견에 공감을 잘했던 사람이 우리 역사에 또 한 사람이 있다. 그가 바로 충무공 이순신이다. 현재 한산도에 가면 삼도수군통제영이 있던 자리에 '제승당'이라는 곳이 있다. 이곳의 원래 이름은 '운주당'이었다. 이곳은 삼도수군통제자의 집무실로 쓰이던 곳이었다. 오늘날로 보면 해군 참모총장이나 해군 작전사령관의 집무실이라고 보면 된다. 우리는 보통 장군의 집무실이라면 일반 병사들은 고사하고 웬만한 장교들도 쉽게 드나들 수 없는 곳이다. 이는 군생활을 한 남자들이라면 공감이 갈 것이다.

하지만 이순신은 이 운주당에 지위고하를 막론하고 누구나 들어와서 자신의 의견은 말할 수 있게 했다. 실제로도 운주당에 일반 병사들부터 장수까지 필요하면 수시로 드나들며 의견을 제시했다. 이렇게 누구든지 이순신이 자신의 의견을 말하라고 한 데는 '임진 왜란'이라는 전쟁 상황에서 보다 효과적으로 적을 물리칠 방법을 찾기 위함이었을 것이다. 실제로 이런 의견 교환을 통해 23전 23승 이라는 결과를 만들었다.

반면 이 운주당을 반대로 이용한 사람이 있다. 바로 이순신의 뒤를 이어 삼도수군통제사 자리에 오른 원균이다. 원균은 운주당을 출입금지 구역으로 설정하고 아무도 들어오지 못하게 했다. 이렇게 되니 누구도 자신의 의견을 말할 수도 없거니와 원균도 부하들의 의견을 들을 수가 없었다. 이렇게 되니 제대로 된 작전이 나올 수 없었던 것이다. 또한, 원균은 부하들과 제대로 공감하지 않고 자신의 말에 토를 달았다는 이유로 벌주기도 했다. 이런 상황에서 서로 간에 경청을 제대로 할 수 없고 의견도 하나로 모을 수 없었던 것이다. 때문에 칠천량 해전에서 대패할 수밖에 없었던 것이다.

이처럼 상대의 이야기에 공감한다는 것은 경청하는 데 있어서 중요한 것이다. 상대의 이야기에 진심으로 내가 공감한다는 것을 보여주면 나도 상대와 대화하면서 큰 틀에서 의견을 합의할 수 있다. 큰 틀에서 조율하고 나면 세부 내용을 조율하는 것은 조금은 수월해진다. 이것이 공감이 가진 힘이다.

공감은 의견 조율뿐 아니라 내가 상대에게 조언해 줄 때도 유용하다. 내가 상대의 이야기에 공감하고 그에 맞춰 조언해 준다면 보다 더 상대에게 좋은 방법이 나올 수 있다. 물론 여기서 나는 단지 상대에게 조언해 주는 입장일 뿐이다. 나의 조언을 참고로 해서 그대로 할지 아니면 다르게 할지는 상대가 결정하는 것이다. 그래서 상대가 내 조언대로 하지 않았다고 해서 상대가 내 이야기에 공감하지 않았다는 것이 아니다. 단지 실행 방법에서 차이가 있는 것이다.

이런 공감을 잘했던 사람을 꼽으라면 맹자를 꼽을 수 있다. 일반적으로 맹자를 생각하면 떠오르는 것은 자신이 생각하는 정책을 펴기 위해 여러 나라를 떠돌았다는 것과 머물었던 나라에서 자신의 생각이 받아들여지지 않았다는 것이다. 자신의 생각이 받아들여지지 않았다고, 또 여러 나라를 주유했다고 해서 맹자는 공감능력이 떨어지는 사람이라고 생각할 수 있다. 하지만 이는 사실과는 다르다.

맹자를 보면 상대, 특히 한 나라의 왕을 알현해서 정책을 논할 때 큰 틀에서는 공감한다. 큰 틀에서 공감했다고 해서 세부 사항까지 생각이 같을 수는 없다. 물론 세부 사항까지 같아서 조율을 잘하면 좋겠지만 큰 틀에서 조율했다는 것만 해도 공감을 하는 것이다. 다른 시각에서 보면 세부 사항에서 차이를 보이는 것은 당연한 것이다. 서로의 가치관이 달라서 그런 것일 뿐 궁극적인 목적은 같기 때문이다. 그렇다고 서로의 가치관을 서로에게 주입할 수도 없는 것이다. 이를 맹자는 정확히 알고 있었던 것이다.

『맹자』의 '양혜왕 상'에서 보면 맹자는 양혜왕을 만나 정책을 논의한다. 이때 맹자와 양혜왕은 서로 큰 틀에서는 동의하지만 세부 사항에서는 차이를 보인다.

양혜왕이 말했다.

"과인은 나라를 다스림에 있어서 온 마음을 다해서 할 뿐입니다. 하내 지방에 흉년이 들면 그곳의 백성들을 하동으로 이주시키고 떠나지 못하는 백성들을 위해서는 곡식을 그곳으로 옮겨 주었으며, 하동 지방에 흉년이 든 경우에도 그렇게 했습니다. 이웃 나라의 정사를 살펴보면 과인처럼 마음을 쓰는 나라가 없습니다. 그런데도 이웃 나라의 백성들이 줄어들거나 과인의 백성들이 늘어나지 않으니 어찌된 일입니까?"

맹자가 대답했다.

"왕께서 전쟁을 좋아하시니 전쟁에 비유해 말씀드리겠습니다. 둥둥 북이 울리면 나아가 병기날을 부딪다가 패색이 짙어져 방패를 버리고 무기를 땅에 끌면서 도망가는데, 어떤 사람은 백 보를 도망간 후에 멈추고 어떤 사람은 오십 보를 도망간 후에 멈추었습니다. 이 경우 오십 보를 도망간 사람이 백 보를 도망간 사람을 보고서 비겁하다고 비웃는다면 어떻겠습니까?"

왕이 대답했다.

"옳지 않습니다. 단지 백 보가 아닐 뿐 도망간 것은 마찬가
지입니다."

맹자가 말했다.

"왕께서 그 이치를 아신다면 이웃 나라보다 백성들이 많
아지기를 바라지 말아야 합니다. 백성이 농사철을 놓치지
않게 하면 곡식이 이루 다 먹을 수 없을 정도로 넉넉해지
고, 촘촘한 그물을 웅덩이와 못에 넣지 않게 하면 고기와
자라가 이루 다 먹을 수 없을 정도로 넉넉해지며, 도끼를
적절한 때를 지켜 산림을 들여놓게 되면 재목이 이루 다
쓸 수 없을 정도로 넉넉해지게 될 것입니다. 곡식과 고기
와 자라가 이루 다 먹을 수 없을 정도로 넉넉하고 재목이
이루 다 쓸 수가 없을 정도로 넉넉하면, 백성들이 산 사람
을 봉양하고 죽은 사람을 장사 지냄에 유감이 없게 됩니
다. 산 사람을 봉양하고 죽은 사람을 장사 지냄에 유감이
없게 하는 것이 왕도정치의 시작입니다."

"오 무 넓이의 집 둘레에 뽕나무를 심으면 오십 세 된 노인
이 비단옷을 입을 수 있고, 닭과 돼지와 개 등의 가축을
기름에 그 때를 놓치지 않으면 칠십 세 된 노인이 고기를
먹을 수 있습니다. 백 무 넓이의 밭을 농사짓는데 일손 바
쁠 때를 빼앗지 않으면 여러 식구의 가족이 굶주리지 않을
수 있을 것이며, 성서에서의 교육을 엄격하게 시행해 효도

와 공경의 의미를 거듭해서 가르치면 머리가 희끗희끗한 사람이 길에서 짐을 지거나 이고 다니지 않게 될 것입니다. 칠십 세 된 노인이 비단옷을 입고 고기를 먹으며 일반 백성들이 굶주리거나 헐벗지 않게 하고도 통일된 천하의 왕이 되지 못할 사람은 없습니다."

"그러나 풍년에 양식이 넘쳐나서 개와 돼지가 사람이 먹을 양식을 먹는데도 거두어 저장해둘 줄 모르고, 흉년에 양식이 부족해서 길에 굶주려 죽은 시체가 있는데도 창고의 곡식을 풀어 나누어줄 줄 모르다가, 사람이 굶주려 죽게 되면 '나 때문이 아니다. 흉년이 들었기 때문이다.'고 한다면, 이것이 사람을 찔러 죽이고도 '내가 죽인 것이 아니라 칼이 죽였다.'라고 하는 것과 무슨 차이가 있겠습니까? 왕이 흉년을 핑계 삼지 않으면 천하의 백성들이 왕에게로 모여들 것입니다."

— 『맹자』 '양혜왕 상 3'

『맹자』의 '양혜왕 상' 내용은 그 유명한 '오십 보 백 보'에 관한 이야기이다. 여기에서 맹자는 양혜왕이 나라를 잘 다스리고 싶다는 것에 공감한다. 맹자가 공감했기에 양혜왕에게 조언해준 것이고, 양혜왕은 경청을 했던 것이다. 결론적으로는 양혜왕은 자신의 가치에 따라 맹자의 조언을 따르지 않았다.

맹자는 조언해 주는 입장이기에 상대인 양혜왕의 말에 공감했던 것이다. 그래서 조언해 주었던 것이다. 물론 여기서 실행에 옮기는 사람은 양혜왕이지 맹자가 아니다. 그래서 전적으로 맹자의 조언을 받아들이든 그렇지 않든 판단을 하는 것은 양혜왕이다. 하지만 이렇게 맹자가 양혜왕에게 조언해줄 수 있었던 것은 상대의 이야기에 공감하고 경청을 했던 능력이 있었기 때문이다. 그리고 양혜왕도 마찬가지로 상대에게 공감하고 경청하는 능력이 있었기에 '오십 보 백 보'라는 이야기가 나왔던 것이다. 만일 그렇지 않았다면 맹자는 살아서 천하를 주유하지는 못했을 것이다.

세종, 이순신, 맹자. 그들의 살았던 시대 상황이나 위치는 달랐지만, 후세 사람들에게 존경을 받는 이유는 공통적으로 상대의 이야기에 공감을 잘했던 것과 경청을 잘했다는 공통점이 있다. 이처럼 상대에게 공감해주는 것이 경청하는 데 중요하다.

| 공감, 상대와 내가 통하는 길이다 |

상대의 말에 공감하는 것. 이것은 경청의 기본이다. 상대의 이야기에 공감한다는 것은 내가 제대로 들을 수 있는 준비가 되어있다는 것이다. 상대의 이야기를 들을 수 있는 준비가 되어 있으면 경청하기가 쉬워진다. 그만큼 상대의 이야기에 내가 공감해주는 것이 중요한 것이다.

물론 앞선 맹자의 경우처럼 나와 상대의 의견이 맞지 않아 합의점을 찾기 어려운 경우도 있다. 하지만 맹자의 태도를 보면 상대의 이야기에 공감하면서 경청을 한다. 그래서 맹자는 상대의 의견에 적절한 해결책을 내놓는다. 이 또한 상대가 제대로 받아들이지 않는다면 무용지물이라는 것도 알 수 있다. 하지만 『맹자』에서 보면 맹자가 상대와 크게 다투는 경우는 없다. 상대와 크게 다투지 않는 이유는 상대도 맹자의 이야기에 공감한다는 것이다. 비록 그것이 그 시대 상황과 맞지 않아 듣는 입장에서 실행하기는 어려웠지만.

맹자의 예에서도 알 수 있듯이 맹자와 상대가 서로의 이야기에 대해 공감한다. 그래서 맹자는 상대와 크게 다투지 않고 의견 교환을 한다. 물론 여기서 의견의 차이가 나서 맹자의 뜻대로 되지는 않지만 큰 틀에서의 공감은 이루어지고 있는 것이다. 이것은 『맹자』의 '등문공-상'편에 나와 있다.

등나라 문공이 나라를 다스리는 것에 대해 물었다.

맹자가 대답했다.

"백성들의 일에 적극적인 관심을 가져야 합니다. 『시경』에 '낮에는 띠풀을 베고 밤에는 새끼를 꼬아 서둘러 지붕을 덮고 나서 비로소 백곡을 파종한다'고 했습니다. 백성들이란 안정적인 생업이 있으면 안정된 마음을 가지게 되고 안정적인 생업이 없으면 안정된 마음이 없게 됩니다. 만약 안정된 마음이 없으면 방탕하고 편벽되고 사특하고 사치한 행동을 하지 않음이 없게 될 것입니다."

"그들이 죄에 빠지기를 기다린 후에 쫓아가서 처벌한다

면, 그것은 백성을 그물질해 잡는 것과 같습니다. 어떻게 인자한 사람이 군주의 지위에 있으면서 백성들을 그물질해 잡는 일을 할 수 있단 말입니까? 그러므로 어진 군주는 반드시 공손하고 검소하며 신하들을 예로써 대하며 백성들에게 세금을 거두어들이는 데에는 일정한 법도가 있습니다. 양호가 말하기를 '부유해지려고 하면 인자할 수 없고, 인자하려고 하면 부유해질 수 없다'고 했습니다."

"하나라는 각 가구에 오십 무씩 토지를 나누어 주고 공이라는 세법을 시행했고, 은나라는 각 가구에 칠십 무씩 토지를 나누어 주고 조라는 세법을 시행했으며, 주나라는 각 가구에 백 무씩 토지를 나누어 주고 철이라는 세법을 시행했는데, 그 실질은 모두 수확량의 10분의 1을 세금으로 거두는 것이었습니다. 철은 천하에 보편적으로 적용한다는 뜻이고, 조는 백성의 노동력의 도움을 받는다는 뜻입니다."

"옛날의 현자였던 용자는 '토지를 다스리는 데는 조법보다 더 좋은 것이 없고 공법보다 더 나쁜 것이 없다'고 했습니다. 공이란 여러 해 동안의 수확을 비교하여 일정한 평균치의 세액을 확정하는 것입니다. 그래서 풍년이 든 해에는 양식이 도처에 남아돎으로 세금을 많이 거두더라도 괜찮은데 도리어 적에 거둬가고, 흉년이 든 해에는 다음 해에 밭에 거름을 주기에도 부족한데 반드시 정해진 세액을

다 채워서 거둬갑니다."

"왕은 백성들의 부모인데도 불구하고, 백성들이 허덕이며 일 년 내내 고생하고도 그들의 부모조차 제대로 봉양할 수가 없게 할 뿐 아니라, 빚을 내어서 정해진 세액을 채워 냄으로써 노인과 어린아이들이 굶어 죽어 구덩이에 뒹굴게 한다면, 왕이 백성의 부모라는 뜻은 어디에서 찾을 수 있는 것이겠습니까?"

"대를 이어서 봉록을 주는 제도는 원래 등나라도 시행하고 있는 것입니다. 『시경』에서 '우리 공전에 지를 내리고 나서 우리 사전에도 내리소서'라고 했습니다. 조법은 오직 공전에서만 적용되는 것인데, 이 시를 통해서 볼 때 주나라도 역시 조법을 시행했던 것입니다."

"백성의 생업이 안정된 후에는 상과 서, 학과 교를 세워서 백성을 가르쳐야 합니다. 상은 봉양한다는 뜻이고, 교는 가르친다는 뜻이고, 서는 활쏘기를 익힌다는 뜻입니다. 하나라에서는 교라고 했고, 은나라에서는 서라고 했고 주나라에서는 상이라고 했으며 학은 하·은·주 삼대가 공통적으로 그렇게 불렀는데 그것들은 모두 인륜을 밝히기 위한 것이었습니다. 인륜이 윗사람에게서 밝혀지면 백성들은 서로 친밀하게 지내게 될 것입니다. 그러면 통일된 천하의 임금이 나타나더라도 반드시 등나라로 와서 본받을 것이니, 그것은 통일된 천하의 임금의 스승이 되는 것입니다."

"『시경』에서 '주나라는 비록 오래된 나라이지만 하늘에서 받은 천명을 새롭다'고 한 것은 문왕에 대해 말한 것입니다. 그대가 힘써 어진 정치를 실천한다면 등나라를 새롭게 할 수 있을 것입니다."

—『맹자』 '등문공 상 3' 중에서

'등문공 상' 편에서 등나라의 문공이 나라를 다스리는 것에 대해 묻는 장면이 나온다. 이 장면에서 공통적인 것은 등문공이나 맹자나 나라를 잘 다스려서 백성들을 편안하게 하는 것에는 공감하고 있다. 비록 방법에 차이가 있지만 '나라를 잘 다스린다'는 큰 틀에서는 공감하고 있는 것이다. 등문공과 맹자 서로가 공감하고 있으니 등문공이 경청을 하는 것을 알 수 있다(물론 위의 '등문공 상 3'에서는 나오지 않지만 맹자 또한 경청을 하고 있었다).

등문공과 맹자가 서로의 이야기에 공감하고 경청을 하였기에 비록 신하 필전을 시켜서 하지는 했지만 '정전법' 같은 세부 사항에 대해서 의견 교환을 할 수 있었던 것이다.

등나라 문공이 신하인 필전을 시켜 정전법에 대해 물었다. 맹자가 말했다.

"그대의 군주가 어진 정치를 실현하려고 그대를 가려 뽑아서 나에게 묻도록 시켰으니 그대는 반드시 노력해야 할 것이오. 어진 정치는 반드시 토지의 경계를 확정하는 것에서 시작되오. 경계의 확정이 바르지 않으면 정전의 토지가 균등하지 못하고 토지의 수확에서 얻는 봉록 역시 공평하지 못하게 되오. 그러므로 폭군과 탐관오리는 토지의 경계를 확정하는 것을 태만하게 하기 마련이오. 경계의 확정이 바르게 되면 백성에게 토지를 분배하고 관리들의 봉록을 정하는 것은 가만히 앉아서도 할 수 있게 되오."

"등나라는 영토가 협소하지만 그중에는 반드시 군자가 될 사람도 있고 야인이 될 사람도 있소이다. 군자가 없으면 야인을 다스릴 수 없고, 야인이 없으면 그 군자를 먹여 살릴 수 없소. 지방에서는 수확량의 9분의 1을 세금으로 정하여 조법을 실시하고, 수도에서는 수확량의 10분의 1을 세금으로 정하여 스스로 납부하게 하시오. 경 이하의 관리들은 반드시 규전이 있어야 하는데, 규전은 각 가구당 오십 무씩 주되, 장정이 더 있을 경우는 각 장정당 이십오 무씩을 주도록 하시오."

"이렇게 된다면 죽거나 이사를 해도 마을을 벗어나지 않을 것이오. 마을의 정전을 같이 나누어 경작해 정전에 드나들며 서로의 친구처럼 지내고, 도적에 대비해 지키고 망을 볼 때도 서로 도와주며, 질병에 걸렸을 때도 서로가 돌봐준다면, 백성들은 서로 친애하고 화목하게 될 것이오."

"사방 각 일 리의 토지가 한 단위의 정이고 각 정의 넓이는 구백 무인데, 그 정의 중앙을 공전으로 합니다. 여덟 가구

가 각각 그 주위에 있는 백 무의 땅을 사전으로 가지며 공
전을 여덟 가구가 공동으로 경작합니다. 공전의 농사일을
끝낸 후에 사전의 농사일을 하는데, 이것은 야인을 군자
와 구분하기 위한 것이오."

"이것이 정전제에 관한 대체적인 내용이오. 그것을 적절하
게 보완해서 적용하는 것은 군주와 그대에게 달려 있소."

—『맹자』 '등문공 상-3' 중에서

맹자와 등문공의 이야기처럼 상대에 대한 공감은 경청으로 이어
진다는 것을 알 수 있다. 또한, 상대에게 공감하고 경청하면 때에
따라서는 세부적인 것까지 의견 교환을 할 수 있다. 서로의 이야기
에 경청하는 것, 이것은 상대와 내가 통하고 있다는 증거다.

| 경청, 공감에서 시작된다 |

상대의 이야기에 경청한다는 것은 나와 상대가 통하고 있다는
것이다. 나와 상대가 통하는 것, 곧 이것은 나와 상대가 서로 공감
하고 있다는 것이다. 다시 말해 경청을 잘하는 것은 나와 상대의
공감에서 시작되는 것이다.

앞서 말했듯 공감이란 큰 틀에서의 공감이다. 예를 들어『맹자』
에 나오는 맹자와 등문공의 대화에 나오는 '나라를 잘 다스리는 것'
이 그것이다. 두 사람의 대화에서 보면 맹자는 등문공이 나라를 잘

다스리고 싶다는 마음에 공감한다. 등문공 역시 마찬가지다. 맹자에게 조언을 구하기 위해 맹자에게 공감했고 맹자의 이야기를 경청했다. 물론 세부적으로 본다면 맹자와 등문공의 생각에는 차이가 있다. 누가 옳고 그런 것이 아니라 각자의 생각이 다르다는 것이다. 그렇지만 그들은 공통적으로 '나라를 잘 다스리고 싶다'는 것에는 공감한다.

맹자와 등문공의 이야기를 보면 등문공이 맹자에게 조언을 구하고 그 이야기에 경청한다. 하지만 등문공은 맹자의 조언대로 하지 않고 자신의 방식대로 한다. 때문에 혹자는 '등문공이 맹자의 이야기를 제대로 듣지 않고 대충 듣지 않았을까?'하는 생각을 가질 수 있다. 결론부터 말하자면 등문공은 맹자의 이야기를 대충 듣지 않고 경청했다.

이는 비록 필전을 통해 조언을 구했지만 '나라를 잘 다스리고 싶다'는 큰 틀의 세부사항인 세법(등문공에서는 정전법)에 관해서도 조언을 구했기 때문이다. 만약 등문공이 맹자의 이야기를 대충 들었다면 이런 것을 묻지도 않았을 것이다. 이를 보더라도 등문공은 맹자의 이야기에 공감했고 경청했다는 것을 알 수 있다. 다만 등문공은 맹자가 등나라의 사정을 깊숙이까지는 몰랐을 것이라고 생각했다. 이도 일리가 있는 것이 당시는 요즘처럼 인터넷이 발달한 시대가 아니었기 때문에 고위 관리가 아니고서는 정부의 사정이 어떤지 세세하게 알 수는 없었을 것이다. 바로 여기서 맹자와 등문공의 방식이 갈린 것이다.

이를 반대로 생각해보면 맹자는 그저 조언해 주는 사람이다. 정책을 실행하는 것은 등나라 관료들이지 맹자가 아니기 때문에 실행 방법에서의 차이는 있을 수밖에 없다. 또한, 어떻게 실행을 할지는 전적으로 관리들의 몫이기 때문이다.

『맹자』의 내용을 보면 맹자가 상대와 대화할 때 시작은 서로에게 공감하는 것부터다. 서로에게 공감하지 않았다면 어떻게 이야기를 주고받을 수 있었을까? 또한, 어떻게 상대의 이야기에 그토록 경청할 수 있었을까? 이것만 보더라도 상대의 이야기에 경청하기 위해서는 상대에게 공감해주는 것이 중요하다.

이처럼 내가 상대에게 공감해 주고 상대의 이야기에 경청한다면 상대의 입장에서는 어떻겠는가? 아마도 자신이 존중받고 있다는 생각이 들어 깊숙이까지 마음의 문을 열어 나에게 더 깊은 이야기도 할 수 있다. 또한, 내가 이야기를 할 때도 상대가 나에게 공감할 수 있고 나의 이야기에 경청할 수 있다. 이렇게 되면 큰 힘을 들이지 않고도 수월하게 소통할 수 있는 것이다.

서로의 이야기에 공감해 주는 것. 이것은 경청으로 가는 시작점이자 소통이 잘 이루어지게 해 주는 윤활유 역할을 하는 것이다.

Chapter 5

경청의 방법 5:
메모하면서 들어라

| 상대의 이야기를 모두 기억할 수는 없다 |

사람이 시각, 청각, 후각, 촉각 같은 감각을 사용해서 기억하는
것에는 한계가 있다. 우리가 보고, 듣고, 느낀 것 중 지속해서 기억
할 수 있는 것은 몇 가지나 될까? 중요한 것이 아니고서는 몇 분 아
니면 몇 일 안에 잊어버린다. 물론 몸으로 반복해서 숙달되는 것,
즉 근육이 기억하는 것은 오래가는 경우도 있지만, 이는 극히 예외
적인 경우이다. 이러한 것은 우리가 상대와 대화할 때도 마찬가지
다. 상대가 나에게 말하는 내용 전부를 기억할 수는 없다. 설령 내
가 중요하다고 느끼는 내용도 얼마 후면 잊어버린다.

이는 마치 컴퓨터의 주 기억장치인 RAM(Random Access Memory)

과 비슷하다. RAM은 컴퓨터의 전원이 켜져 있는 동안의 작업 내용만을 기억한다. 즉, RAM이 중앙기억장치(CPU: Central Processing Unit)와 소통하면서 자료를 주고받는 것은 전원이 켜져 있는 동안만 가능하다는 것이다. 그래서 나온 것이 보조기억장치이다. 하드디스크나 SSD, USB, CD-ROM, DVD-ROM 같은 것들이 이런 것이다. 보조기억장치는 주 기억장치가 전원이 켜져 있는 동안만 자료를 기억할 수 있다는 단점을 보완하기 위해 만든 것이다. 보조기억장치는 고장이 나지 않는 한 작업을 해서 저장된 내용을 컴퓨터의 전원이 들어오는 것과는 상관없이 항상 기억하고 있다.

이러한 것은 사람의 뇌도 마찬가지다. 우리의 뇌가 기억할 수 있는 시간의 한계가 있다. 시간이 지나면 잊어버리는 것이 자연스러운 이치다. 그래서 인류는 그것을 잊지 않으려는 방법을 계속해서 생각해 내고 발명했다. 원시 시대에는 동굴의 벽이나 바위에 그림을 그림으로써 기억하려고 했다. 알타미라 동굴벽화나 울산 울주군에 있는 천진리 암각화가 대표적인 것이다. 이후 문자가 발달하면서 문자로 기록하면서 기억하려고 했다. 처음에는 대나무나 양피지 같은 것에서 종이가 발명된 이후에는 종이에 그것을 기록해 왔다. 공자의 제자들이 공자의 말을 기록한 것, 플라톤이 소크라테스의 말을 기록한 것, 그리고 500여 년 동안 기록된 우리나라의 조선왕조실록이 그것이다.

이런 기록도 처음에는 직접 다른 사람이 하는 말을 직접 받아서 썼다. 직접 받아서 쓰는 글은 아무래도 정자로 쓰기가 어렵다. 정자로 쓰이지 않으니 쓴 사람 이외에는 정확하게 무엇을 썼는지 어떤 내용을 담았는지 파악하기가 힘들었다. 그래서 복사본을 만들기도 어려웠다. 복사본을 만들기 어려우니 한 번 없어지면 복원하는 것은 불가능했다. 그러던 것이 인쇄술의 발달로 활자로 대량 인쇄 가능하면서 보다 용이하게 기록할 수 있게 되었다. 활자를 뽑아서 기록하니 글을 아는 사람이라면 누가 보더라도 내용을 파악할 수 있었던 것이다. 또한, 여러 부를 인쇄해서 보관할 수 있어 분실될 우려를 줄일 수 있게 되었다. 대표적인 것이 조선 시대에 기록했던 조선왕조실록이다. 조선왕조실록은 한 번 편찬하면 4부를 복사해서 보관했다. 4부를 복사한 결과적으로 오늘날까지 보관되어 내려올 수 있었던 기초가 되었다. 1592년 발생한 임진왜란으로 많은 기록들이 소실이 되었지만, 전주 사고에 보관이 되어 있었던 조선왕조실록은 온전히 보존될 수 있었다. 이 온전히 보존된 전주 사고를 바탕으로 왜란이 끝난 후 태조부터 명종까지의 기록을 다시 복사해서 보존할 수 있었고 이것이 온전하게 오늘날까지 전해져 내려올 수 있었던 것이다.

2000년 가까이 이어져 오던 문자로 기록하던 패러다임이 바뀐 것이 산업혁명이 일어난 후이다. 산업혁명이 일어난 후 사진기가 발명되었고 기록을 하는 것도 문자에서 사진으로 범위가 넓어지게 되었다. 이것이 1900년대 들어선 후 녹음기나 영사기가 나오면서 음성이나 동영상으로 기록할 수 있게 되었다. 동영상의 발달로 보다 더 정확하게 그 시대의 상황을 후세에 볼 수 있게 되었다.

20세기까지의 기록은 사람이 다시 볼 때 장소에 제한이 있었다. 문자로 된 기록을 보려면 도서관에 가야 했고, 동영상 같은 것은 비디오가 있는 곳에서만 볼 수 있었다. 그러던 것이 인터넷과 스마트폰의 발달로 이러한 경계가 사라지게 되었다. 특히 스마트폰의 발달은 시간과 장소에 제약을 없애 주었다. 외국의 기록도 언제 어디서나 스마트폰을 통해 볼 수 있는 것을 보면 그렇다.

이러한 기록을 하는 기술의 발달은 궁극적으로 사람의 뇌가 기억하는데 한계가 있기 때문이었다. 만일 사람의 뇌가 기억하는데 한계가 없다면 기록할 방법을 생각할 수도 없었을 것이다.

이는 우리가 소통할 때도 마찬가지다. 상대가 하는 이야기 중 우리는 몇 %를 기억할 수 있을까? 아마도 10%도 채 되지 않을 것이다. 이런 기억 능력으로는 상대가 하는 이야기의 핵심 포인트를 제대로 파악하기에는 부족하다. 그래서 필요한 것이 컴퓨터의 보조 기억장치처럼 기억할 수 있는 것을 이용해야 한다.

| 중요한 내용은 메모하라 |

사람의 기억능력에는 한계가 있다. 중요한 것인 경우는 기억이 오래가고 그렇지 않은 경우는 기억에서 빨리 잊혀진다. 그래서 인류가 발달시킨 것이 기록하는 능력과 방법이다. 기록해둔 기억은 잊고 있어도 그 기록을 보면 되살려 볼 수 있어 결과적으로 머릿속에서 지워지는 일이 없다.

이는 우리가 상대의 이야기를 들을 때도 마찬가지다. 아무리 상대의 이야기에 경청한다고 해도 그것을 기억하는데는 한계가 있다. 특히나 상대의 중요한 이야기 같은 경우 듣다가 잊어버린다면 난감해진다. 물론 다시 말해달라고 정중하게 요청할 수는 있지만 입장을 바꾸어 생각해 보면 상대가 곤란해질 수도 있다. 때문에 상대의 이야기를 들으면서 기록하는 것이 효과적이다.

상대 이야기를 기록하는데도 여러 가지 방법이 있다. 상대의 이야기를 동영상으로 남기는 것, 상대의 이야기를 녹음하는 것, 그리고 상대의 이야기를 글로 메모하는 것이 있다. 이 중 어느 것이 가장 좋을까? 이는 사람에 따라서 차이가 있겠지만, 종이에 글로써 쓰는 것이 가장 좋다고 본다. 물론 동영상으로 녹화하거나 목소리를 녹음하는 것도 좋은 방법이다. 하지만 상대의 입장에서 보면 대화 내용을 녹화하거나 녹음하면 취조를 당한거나 프라이버시를 무시한다는 느낌을 줄 수 있다. 또한, 동영상 녹화나 음성 녹음은 요즘 같은 세상에서는 다른 사람에게 퍼지는데 긴 시간이 걸리지 않는다. 스마트폰을 이용해 SNS로 공유하면 금방 퍼진다. 이 때문에 요즘 이런 것이 많은 문제를 일으키는 경우가 많이 있다.

그래서 가장 좋은 방법이 직접 손으로 기록하는 것이다. 물론 노트북이나 스마트 폰으로 기록할 수는 있지만 이도 상대의 입장에서 보면 내가 다른 행동을 하는 것으로 비칠 수 있다. 하지만 손으로 종이에 직접 기록한다면 이런 우려를 지울 수 있다. 손으로 대화의 내용을 기록할 때는 특별한 경우가 아니고서는 탁자 위에 종이를 놓고 기록한다. 이때 상대도 기록한 내용을 볼 수 있다. 이런 기록을 상대가 본다면 어떻게 느낄까? 아마도 기록을 하는 것을 보면 상대는 내가 자신의 이야기에 경청하고 있다는 것을 느낄 것이다. 이렇게 되면 좀 더 소통은 수월해질 것이다. 또한, 손으로 직접 기록하면 보안에서 보다 용이하다. 물론 이 기록을 사진으로 찍어서 SNS에 올릴 수도 있지만, 이는 극히 드문 경우이다.

또한, 직접 기록할 때, 특히 상대의 이야기를 빠르게 기록할 때는 흘려서 쓰는 경우가 많다. 이런 흘려 쓰는 글씨는 대부분 글을 쓴 사람만이 제대로 알 수 있다. 그런 것으로 볼 때 보안면에서도 용이한 것이다. 이런 것은 사진으로 찍어서 SNS에 올린다고 해도 쓴 사람 이외에는 정확히 알 수 없는 것이다. 이런 면에서 손으로 직접 기록하는 것에는 장점이 있다.

손으로 직접 기록한 내용은 나중에 내가 수정을 하기에도 쉽다. 그리고 이것을 토대로 질문해서 상대가 잘못 말한 것을 수정할 수도 있다. 특히 말이나 영상은 한 번 뱉으면 주워 담을 수 없다는 단점이 있지만 직접 메모하는 것은 몇 번이고 수정할 수 있다는 장점이 있다.

이는 우리가 상대의 이야기를 경청하고 보다 자세하게 물어볼 때도 쉽다. 내가 상대의 이야기를 기록했다면 그 내용을 보고 상세하게 물어볼 수 있다. 그래서 만약에 일어날 수 있는 실수를 최소화하고 경청의 효율성을 높이게 한다. 우리가 질문을 잘하는 사람을 보면 그가 꼭 상대의 이야기를 메모해 둔다는 것을 보면 잘 알 수 있다.

우리 주위에 경청을 잘하고 소통을 잘하는 사람을 보면 그들은 공통적으로 항상 메모할 수 있는 수첩과 펜을 가지고 다닌다. 이는 상대의 이야기를 듣고 메모함으로써 좀 더 기억하기 편하게 하는 것인 동시에 깊은 이야기를 하려고 하는 준비이다.

손으로 기록을 권하는 데는 또 한가지 이유가 있다. 요즘 미디어 기술이나 컴퓨터 기술이 발달해서 하드디스크나 SSD, 그리고 클라우드 서비스를 이용해 기록을 저장할 수 있다. 하지만 이러한 것도 기계가 고장이 나면 기록을 되살릴 수 없다. 또한, 이런 것은 우리가 생각했던 것보다 수명이 오래 가지는 못한다. 반면 손으로 써서 기록하는 것은 오래도록 보관할 수 있다. 아무리 좋은 컴퓨터 저장 장치라도 15년 정도면 고장나게 마련이다. 하지만 종이는 보존만 잘하면 몇백 년이 지나도록 오래 보관할 수 있다. 이는 유네스코 기록유산으로 지정된 조선왕조실록을 보면 보존만 제대로 한다면 오래 보관할 수 있다는 것을 알 수 있다.

참고로 조선왕조실록도 사관이나 신하들이 왕의 말을 듣고 기록한 자료를 바탕으로 편찬되었다. 특히 사관은 왕이 한 말을 그 자리에서 직접 기록한다. 만일 이런 기록이 없었다면 어떻게 되었을까? 아마도 우리가 알고 있는 조선왕조실록은 이처럼 어마한 분량으로 남아있지 않았을 것이다.

이러한 것은 이순신이 임진왜란과 정유재란 시기에 기록한 『난중일기』도 마찬가지다. 이순신은 그날 있었던 일들, 예컨대 부하 장수들과 직접 회의한 것, 또 전투한 것을 직접 기록했다. 이 기록을 바탕으로 훗날『이충무공 전서』라는 책이 편찬되었고 오늘날까지 전해져 내려올 수 있었다. 이처럼 종이에 기록하는 것은 보존을 잘 하면 오래도록 보관할 수 있다.

이처럼 손으로 하는 메모는 중요한 것이다. 예나 지금이나 중요한 것을 손으로 직접 기록하는 데는 이러한 이유가 있다.

| 메모하면서 상대의 입장에서 바라봐라 |

상대의 이야기를 메모하는 것은 상대의 이야기를 경청하는 것만으로 모든 것을 기억할 수 없기 때문이다. 경청에서 중요한 상대가 하는 이야기의 핵심 포인트를 잡기 위해서라도 메모는 필수적이다. 상대의 이야기를 메모하면 머리로는 순간적으로 잊어버리기도 하지만 기록해 놓은 내용을 보면 바로 기억이 나는 경우도 있다. 또한, 상대의 이야기를 메모하면 메모한 내용을 보고 상대의 핵심 포인트를 제대로 파악할 수 있다.

메모하는 이유 중 중요한 것이 또 있는데 내가 상대의 이야기를 메모함으로써 상대의 이야기를 상대의 입장에서 볼 때 효율적이다. 귀로 듣는 것은 뇌에서 오래도록 기억되지 않는다. 그래서 상대의 이야기를 잊지 않기 위해서라도 기록을 하는 것이다. 상대의 대화 내용을 상대의 입장에서 바라보는 것도 메모하면 더욱 수월하다. 상대의 입장에서 바라보는 '역지사지易地思之', 이것은 소통의 시작이자 경청의 시작이라고 앞서 언급했다. 상대의 입장에 서서 보고, 듣고, 느끼려면 상대의 입장이 어떤 것인지 먼저 알아야 한다. 앞서 말했듯이 귀를 통해 들었던 내용은 그리 오래 기억되지 않는다. 이 때문에 단지 귀로 듣는 것만으로 진정 상대가 나에게 하고 싶은 말의 핵심이 무엇인지, 상대의 입장이 어떤 것인지 파악하기가 힘들다.

이때 상대의 이야기를 메모해 놓으면 도움된다. 상대의 이야기를 메모해 놓으면 필요할 때 틈틈이 내용을 볼 수 있고 이것으로 중요한 것이 무엇인지, 상대가 원하는 것이 무엇인지 알 수 있다. 또한, 메모한 것이 있으면 메모한 내용을 바탕으로 상대의 입장에 서서 바라보고 상대의 입장에 서서 생각해볼 수 있다. 메모한 내용이 있음으로써 상대가 이야기한 내용을 잊어버리지 않고 그것을 바탕으로 상대의 이야기를 정리할 수 있기 때문에 그냥 듣기만 하는 것과 비교하면 많은 도움이 된다.

메모하는 것이 좋은 것이 내가 정리해볼 수 있다는 것이다. 내가 상대의 이야기를 바탕으로 핵심 포인트를 파악하고 상대의 입장에서 보았다면 이 또한 그냥 머릿속으로 생각하고 정리하는 것보다 효율적이다. 그냥 내용은 내가 상대의 이야기를 제대로 들었는지 파악하기가 힘들다. 그래서 잘못 이해한 내용으로 상대에게 조언해 준다면 이건 나쁜 방향으로 대화가 흘러갈 수 있다.

말을 한 번 내뱉으면 다시는 주워 담을 수도, 수정할 수도 없다. 말을 잘못해서 사과하고 또한 용서받기까지 얼마나 오랜 시간이 걸리는 지는 매스컴을 통해 우리가 자주 봐왔다. 이와 반대로 글로 쓰는 것은 언제든지 수정할 수 있다. 상대에게 보여 주기 전까지 수정할 수 있다는 것이다. 또한, 잘못한 것이 있어 사과할 때 직접 글로 쓰면 더욱 진심이 담겨 용서를 받기도 쉬워진다.

이런 것만 봐도 글로 쓰는 것이 보다 유리하다. 이는 우리가 상대의 이야기를 경청할 때도 적용되는 것이다. 상대의 이야기를 들으면서 메모하고 메모한 내용을 토대로 의문이 가는 것이 있으면 다시 질문하더라도 한 번의 인상 찌푸림 없이 할 수 있다. 이는 내가 기록을 함으로써 상대에게 내가 자신의 이야기에 경청하고 있다는 것을 알릴 수 있기 때문이다.

반대로 내가 상대에게 조언해 주는 경우, 즉 내가 상대에게 이야기하는 경우도 생각해보자. 내가 상대의 이야기를 듣는다고 해도 제대로 핵심을 파악하기는 어렵다. 그러면 조언을 주는 입장이라면 어떠할까? 조언을 해줄 때는 상대에게 정말 필요한 방향으로 해주어야 한다. 여기서 중요한 것이 상대의 입장에서 바라보는 것이다. 상대의 입장에서 바라볼 때도 메모한 내용을 참조해서 바라본 다음 조언을 해준다면 보다 더 좋은 방향으로 해줄 수 있을 것이다.

특히 이러한 것을 잘 보여주는 것이 심리상담사나 정신과 의사들이다. 일반적으로 뼈가 부러지거나 우리 몸 어디가 아픈 것은 X-RAY, CT, MRI, 초음파 같은 의료 장비로 잡아낼 수 있다. 하지만 심리적인 것은 이런 의료 장비로 잡아낼 수 없다. 이는 대화를 통해서 읽어낼 수밖에 없다. 심리치료나 정신과적 치료를 하는 심리 상담사나 정신과 의사들은 내방하는 사람들을 치료할 때 그들의 입장에서 바라보지 않으면 안 된다. 그런데 그들의 행동을 보면 내담자와 대화하면서 기록한다. 그들이 기록하는 이유는 그냥 듣는 것보다 기억하는 것도 쉽고 상대의 입장에 서서 제대로 바라볼 수 있다. 또한, 도움을 줄 때도 효과적으로 줄 수 있기 때문이다. 심리상담사나 정신과 의사들은 이렇게 기록된 내용을 바탕으로 환자의 입장에서 바라보고 환자에게 맞는 처방을 해줄 수 있다.

이렇게 메모하면 그냥 듣는 것에 비해 훨씬 더 효율적으로 상대의 입장에서 바라볼 수 있고 정리할 수 있다. 아울러 조언을 줄 때도 보다 더 효과적으로 해줄 수 있다. 이런 것이 경청을 잘하고 있는 것을 보여주는 것이 동시에 소통이 잘 이루어지고 있다는 것을 보여주는 것이다.

| 메모, 내가 상대의 이야기를 경청하고 있다는 증거이다 |

사람들은 상대가 자신의 이야기에 경청하는지 그렇지 않은지 제대로 구별하기는 쉽지 않다. 하지만 상대가 하는 행동을 본다면 어렵지 않게 추측할 수 있다. 상대가 나의 말을 들을 때 직접 메모를 하는지 그렇지 않은지를 보면 알 수 있다. 물론 요즘은 스마트폰이 대중화되어서 스마트폰에 직접 메모하기도 한다. 하지만 스마트폰을 통해 메모하는 것은 스마트폰으로 다른 행동을 하는 것처럼 비칠 수 있다. 반면 직접 글로 쓰는 경우 손에 수첩을 들고 기록하는 경우도 있지만 대게의 경우는 탁자에 종이를 올려놓고 기록한다. 그리고 손으로 기록하는 것은 집중하지 않으면 제대로 기록을 할 수 없기 때문에 집중하고 있다는 것을 보여주는 것이기도 하다.

　손으로 기록하는 것, 특히 탁자 위에 메모지를 올려놓고 기록하는 것은 상대도 그것을 볼 수 있다. 이것을 보고 상대가 나의 이야기에 경청하는지 그렇지 않은지를 파악할 수 있다. 상대의 이야기를 메모하는 것은 상대에게 '내가 당신의 이야기에 관심이 있고, 집중해서 듣고 있다'는 것을 보여주는 것이다. 즉, 내가 상대에게 자신의 이야기를 경청하고 있다는 것을 보여주는 것이다.

　메모한다는 것은 상대에게 들은 이야기를 전부 기억할 수 없기 때문에 그 이야기를 기억하고 싶어서 하는 것이다. 상대의 이야기를 기억하고 싶어 하는 것, 이것은 다르게 말하면 상대에게 내가 관심이 있다는 것을 보여주는 것이다. 내가 관심이 있기 때문에 상대의 이야기를 오래도록 기억하고 싶고 그래서 상대의 이야기를 직접 메모해서 기억하는 것이다(참고로 손으로 직접 써서 메모하는 것이 오래도록 뇌리에 남는다). 내가 상대에게 관심이 없다면 상대의 이야기를 기억해야 할 이유도 없고, 더군다나 기록할 이유도 없는 것이다.

　이처럼 손으로 직접 기록하는 것은 내가 기억에서 잊어버리더라도 기록을 봄으로써 다시금 기억할 수 있게 해 주는 것이다. 또한, 기록으로 남긴다는 것은 그만큼 내용이 중요하다는 것이기도 하다. 중요한 내용이 아닌 이상 기록으로 남길 이유가 없기 때문이다.

　율곡 이이는 49년이라는 길지 않은 삶을 살았지만 『격몽요결』,

『동호문답』, 『성학집요』 같은 많은 저서를 남겼다. 그중에는 『경연일기』라는 책이 있다. '경연'이라는 것은 조선 시대 왕과 신하가 유교 경전을 읽으면서 토론하는 것이다. 율곡은 이 경연한 내용을 기록으로 남겼다. 율곡이 경연을 기록으로 남긴 데는 그만큼 이것을 중요하게 생각했다는 뜻이다. 또한, 율곡이 경연할 때 그만큼 제대로 경청을 하면서 경연했다는 것을 알 수 있다.

『경연일기』는 1565년(명종 20)부터 시작해서 1581년(선조 14)까지 17년 동안 했던 '경연'을 기록한 것이다. 17년 동안의 경연이라면 엄청난 양의 토론이 있었다는 것을 알 수 있다. 율곡은 이러한 경연을 토대로 자신의 저서를 써 나갔다.

그렇다면 율곡이 17년이라는 긴 시간 동안 경연의 내용을 기록해 두었던 이유는 무엇일까? 경연의 내용을 좀 더 기억하고 싶어서가 아닐까. 아무리 경연한다고 해도 귀로 듣는 것은 얼마 지나지 않아서 기억에서 사라진다. 하지만 기록은 보존만 잘하면 오래 보관할 수 있다. 또 기록이라는 것이 대부분 중요한 내용을 쓴 것이기 때문에 상대에게 관심이 있고 상대의 이야기를 경청해서 주의 깊게 들었다는 것을 알 수 있다.

메모, 사실은 아무것도 아닐 수 있다. 하지만 이 메모가 상대에게 내가 자신의 이야기에 경청하고 있다는 것을 직접 보여주는 증거이기도 하다. 나아가서 메모는 내가 상대와 제대로 소통하고 싶다는 표시이기도 하다.

Chapter 6

상대의 이야기를
중간에 끊지 마라

| 경청하기로 했으면 상대의 이야기를 끝까지 들어라 |

경청하는 것은 잘 듣는다는 것이다. 흔히 '잘 듣는다'라고 말하면 상대의 이야기를 주의 깊게 듣는다는 것이다. 이 말에 한 가지 더 추가하자면 '상대의 말을 끝까지 듣는다'는 것이다. 상대의 이야기를 처음부터 끝까지 들어준다는 것은 내가 상대에게 관심을 보이고 있다는 것이다. 관심이 없다면 듣는 척만 한다거나 중간에서 말을 잘라버리고 자기의 말을 할 것이다.

이러한 것은 우리가 볼 수 있는 TV토론에서 보면 알 수 있다. TV에서 하는 토론 프로그램을 보면 나의 이야기가 다 끝나지도 않았는데 상대가 중간에 끼어들어서 자신의 이야기를 하는 장면을 많이 볼 수 있다. 이때 계속 말을 하는 입장이라면 상대가 끼어드는 것이 불쾌할 것이고 '내 이야기에 관심 없다'는 것을 보여주는 것이다. 이 상황에서 과연 내가 상대와 대화하고 싶을까? 아마도 두 번 다시는 그 사람과는 대화하고 싶지 않을 것이다. 이는 제3자 입장에서 지켜보는 경우도 마찬가지다. 토론을 통해 좀 더 좋은 방법을 모색해 보는 것인데 자기 의견만 옳다고 싸우면 보는 입장에서도 불쾌해질 수밖에 없다.

상대의 말을 중간에서 끊는 것은 TV토론뿐만 아니라 일상생활에서도 많이 볼 수 있다. 가족 내에서도 부모와 자식 간에 대화할 때 상대의 말을 중간에서 끊어버리는 경우가 있다. 부모는 부모대로 자식이 어려서 아무것도 모른다고 생각해서 자녀의 의견을 무시하고 자녀는 자녀대로 부모가 요즘 세대를 이해하지 못한다고 생각해서 부모의 말을 들으려고 하지 않는다. 이렇게 되면 가족 간의 대화 단절이 될 수밖에 없다. 이는 가족뿐만 아니라 직장에서도 빈번하게 이루어진다. 상사는 상사대로 부하 직원이 좋은 의견을 내면 혹여나 자신의 자리가 뺏길까 두려워 부하 직원의 말을 무시하고 중간에 잘라버리는 경우가 있다. 부하 직원은 부하 직원대로 상사가 자신의 의견을 무시한다고 겉으로 드러내지는 못하지만, 건성으로 듣는 척만 하는 경우를 흔히 볼 수 있다. 이렇게 되면 회사는 아마도 앞으로 나아가지 못하고 제자리걸음을 걸을 수밖에 없을 것이다.

그렇다면 이러한 현상이 빈번하게 나타나는 이유는 무엇일까?

이런 현상이 생기는 이유는 단 한 가지에서 비롯된다. 바로 상대의 이야기를 경청하지 않기 때문이다. 상대의 이야기를 잘 경청하는 사람들을 보면 공통점이 있다. 경청을 잘하는 사람들은 상대가 말을 하는 중간에 끼어들지 않고 상대의 이야기가 끝날 때까지 듣는다. 그리고 자신의 말을 할 때는 상대의 이야기가 끝나고 나서 말한다. 물론 중간에 상대의 말에 공감한다는 의미로 또는 지루하지 않게 하려는 의미로 장단을 맞춰주는 말을 할 수는 있지만, 이는 중간에 끼어들어 자신의 말을 하는 것과는 구별해야 한다.

경청하는 목적은 보다 정확히 상대의 생각을 파악하기 위해서다. 상대의 핵심적인 생각을 파악하기 위해서는 무엇보다 상대의 이야기에 공감해야 한다. 상대의 이야기에 공감한다는 것은 다른 말로 하면 상대를 존중하는 것이다. 이 상대를 존중하는 것이 바탕이 되어야 진정으로 상대의 이야기를 들을 수 있다. 상대에 대한 존중을 보여줄 수 있는 것이 이야기를 들을 때 중간에서 끊지 않고 끝까지 들어주는 것이다. 상대의 이야기를 끝까지 들어야 상대가 이야기하는 내용의 핵심을 파악할 수 있고, 이것을 토대로 나의 의견을 말할 때 더 좋은 방법으로 말할 수 있다. 설령 도움을 주는 말을 하지 못하더라도 상대는 자신의 이야기를 들어주는 것만으로 위로를 받을 수도 있다. 그만큼 상대의 이야기를 관심 있게 끝까지 들어주는 것은 중요한 것이다.

링컨이 노예해방을 두고 여러 가지 복잡한 생각을 하고 있을 때 일리노이에 사는 친한 친구를 불렀던 일화가 상대의 이야기를 관심 있게 들어주는 것이 무엇인지 보여주는 것이다. 당시 링컨은 노예해방을 하느냐, 그렇지 않느냐를 두고 많은 고민을 했을 것이다. 고민하는 도중 링컨은 친한 친구를 백악관으로 불렀다. 이때 링컨의 친구는 링컨이 하는 말을 그저 묵묵하게 듣고 있었다. 그리고 링컨의 이야기가 끝난 후 그는 백악관을 나왔다. 백악관을 나오면서 그 친구는 비서에게 이렇게 말했다. "지금 대통령을 해결책을 제시해 주는 사람이 아니라 자신의 말을 들어줄 사람이 필요했던 것이다"라고. 이 이후는 잘 알다시피 링컨은 노예해방을 선언했다.

여기서 링컨의 친구가 링컨이 말하는 중간에 말을 끊고 듣기 귀찮다는 듯이 자신의 이야기를 늘어놓았다면 어떤 결과가 나왔을까? 아마 둘은 백악관에서 고성을 지르며 싸웠을 것이다. 이렇게 되면 링컨은 링컨대로 노예해방에 대한 고민이 깊어질 것이고, 친구는 친구대로 기분이 나빠서 다시는 링컨을 보고 싶다는 생각이 들지 않았을 수도 있었다. 하지만 링컨의 친구는 링컨의 이야기를 끝까지 들어줌으로써 이러한 불상사를 막았고, 한 마디 말도 하지 않았지만, 링컨에게 위로가 되고 도움이 되었을 것이다.

링컨의 친구 외에도 경청을 잘했던 사람을 꼽으라면 조선의 제4대 왕 세종이다. 세종은 신하들과 '경연'이나 정책을 논할 때 신하들의 말을 끝까지 듣고 자신의 의견을 말했다. 이는 세종이 정책을 논할 때 그 정책에 찬성하는 입장의 신하와 반대하는 입장의 신하를 모두 불러 놓고 토론한 것에서 알 수 있다. 일단 세종은 찬성하는 입장과 반대하는 입장의 신하 모두의 의견을 끝까지 듣고 자신의 의견을 이야기했다. "경의 의견에 동의한다. 허나 나의 의견은 이런데 경의 생각은 어떠한가?"라는 말을 한 것을 보면 알 수 있다.

링컨의 친구나 세종처럼 경청을 잘하기 위해서는 무엇보다 중요한 것이 상대의 이야기를 중간에서 끊지 않고 끝까지 들어주는 것이다. 이렇게 되면 궁극적으로 소통이 더 잘 될 것이다.

이렇게 상대의 이야기를 끝까지 듣는 자세는 경청에서 중요한 부분이다. 그렇기 때문에 우리가 성인 반열에 오른 사람을 보면 예외 없이 그들이 상대의 이야기를 끝까지 잘 듣는다는 것을 알 수 있다. 『맹자』에서 맹자는 자신이 천하를 주유하면서 왕이나 고위관료들이 조언을 구할 때 상대의 이야기를 끝까지 듣고 자신의 의견을 이야기했다.

> 맹자가 제선왕을 알현하고 말했다.
> "이른바 오래된 나라라는 것은 우람한 나무가 있음을 가리켜 말하는 것이 아니라 대를 이어서 나라에 봉사하는 신하가 있는 것을 말합니다. 그런데 왕에게는 지금 신임할 만한 신하가 없습니다. 예전에 채용했던 사람은 지금 모두 파면되어 버렸다는 것을 알지 못합니다."
> 왕이 물었다.
> "파면된 자들은 모두 능력이 없어서 그렇게 된 것입니다. 지금부터 과인이 어떻게 하면 사람의 재능을 알아보고 등용하거나 파면할 수 있겠습니까?"

맹자가 대답했다.

"나라의 왕이 현능한 이를 기용할 때에는 매우 신중히 해야 합니다. 그가 재능이 있다면 신분이 낮은 사람이라도 신분이 높은 사람을 뛰어넘게 하며, 사이가 먼 사람이라도 가까운 사람을 뛰어넘게 해야 하는데, 어찌 신중히 하지 않을 수 있겠습니까?"

"어떤 사람에 대해 주위의 사람들이 모두 현능하다고 말해도 믿어서는 안 되고, 여러 대부들이 다 현능하다고 말해도 믿어서는 안 됩니다. 나라 사람들이 모두 현능하다고 말한 후에 그를 잘 살펴보고 현능한 점을 발견하고 나서 그를 기용하십시오."

"어떤 사람에 대해 주변의 사람들이 모두 좋지 않다고 말해도 믿어서는 안 되고, 여러 대부들이 모두 좋지 않다고 말해도 믿어서는 안 됩니다. 나라 사람들이 모두 좋지 않다고 말한 후에 그를 살펴보고 좋지 못한 점을 발견하고 내치십시오."

"어떤 사람에 대해 주변의 사람들이 모두 죽여야 한다고 말해도 듣지 마시고, 여러 대부들이 모두 죽여야 한다고 말해도 듣지 마십시오. 나라 사람들이 모두 죽여야 한다고 말한 후에 그를 살펴보고 죽여야 할 점을 발견하고 나서 죽여야 합니다. 그래야 나라 사람들이 그 사람을 죽인 것이 됩니다. 이렇게 한 후에라야 백성들의 부모가 될 수 있습니다."

—『맹자』 '양혜왕 하' 중에서

제선왕과의 대화에서 맹자는 자신의 의견을 제선왕의 이야기가 끝난 후에 말한다. 그래서 구체적으로 인재를 등용하는 방법에 대해 말했다. 맹자는 자신의 의견을 길게 말하고 있다. 자세히는 나오지 않지만 여기서 제선왕은 맹자의 말을 경청하고 있었을 것이다. 그렇지 않다면 긴 이야기를 듣고 있지 않았을 것이다. 만일 맹자가 "파면된 자들은 모두 능력이 없어서 그렇게 된 것입니다"라는 말만 듣고 중간에서 끊었다면 맹자도 맹자대로 자신의 제선왕의 바라는 대답을 하지 못했을 것이다. 또한, 제선왕도 불쾌해서 맹자의 이야기를 끝까지 듣지 않았을 것이다. 그랬다면 『맹자』라는 책이 고전으로 인정받지 못했을 것이다. 이처럼 소통할 때 상대의 말을 끝까지 들어주는 것이 중요한 것이다.

| 중간에 말을 하고 싶으면 공감하는 표현을 하라 |

사람들은 말을 길게 하면 할수록 지루하게 느껴진다. 아무리 상대가 하는 말의 내용이 웃기더라도 길게 말을 하면 지루해지기 마련이다. 우리가 아무리 웃긴 코미디 영화를 본다고 해도 영화의 상영 시간이 길어지면 영화는 지루하게 느껴진다. 웃긴 내용이 이 정도인데 하물며 진지한 내용이라면 어떻겠는가? 십중팔구 지루하게 느낄 것이고 눈꺼풀이 감기기 싫어도 감길 수밖에 없었을 것이다. 이렇게 되면 아무리 상대의 이야기를 경청하고 싶어도 경청할수 없다. 그래서 중간중간 이야기에 흥을 돋우는 말을 해야 한다. 그래야 이야기가 지루하지 않을 수 있다.

이는 마치 마라토너가 레이스를 하는 도중 갈증이 있으면 음료수로 목을 축이는 것과 같은 것이다. 아무리 일반인들보다 심폐 능력이 뛰어난 마라토너라도 42.195km라는 거리를 달리려면 많은 열량이 소모되기 마련이다. 그래서 중간중간 열량을 보충하기 위해 음료수를 마시는 것이다. 만약 마라토너가 중간에 음료수를 마시지 않고 레이스를 펼치면 완주할 수는 있어도 좋은 기록을 낼 수는 없다. 또한, 최악의 경우에는 탈진할 수 있다. 좋은 기록을 내고 탈진을 막기 위해서라도 중간에 음료수를 보충하는 것이다.

이러한 것은 소통할 때도 마찬가지다. 상대와 이야기를 통해 의견을 교환하고 합의하는 과정은 100m 달리기가 아니라 42.195km를 달리는 마라톤과 같다. 상대와 토론을 통해 합의하고 결론을 도출하기 위해서는 마라톤 같은 장기 레이스를 펼쳐야 한다. 이 때문에 중간에 마라토너가 에너지를 보충하기 위해 음료수를 마시듯 대화할 때도 에너지를 보충해야 한다.

이것은 내가 상대에게 조언해 줄 때도 마찬가지다. 상대에게 조언해 주려면 상대의 이야기를 주의 깊게 듣는 것이 중요하다. 상대의 이야기를 제대로 들어야 나도 제대로 된 조언을 해줄 수 있다. 이 때문에 상대의 대화 내용을 잊지 않기 위해 메모하면서까지 들는 것이다. 메모하면서 듣는 것도 이야기가 길어지면 길어질수록 듣는 집중력이 떨어지기 마련이다. 이렇게 되면 내가 아무리 좋은 조언해 주고 싶어도 해줄 수 없다. 그래서 상대가 이야기하는 중간중간 상대의 이야기에 공감하는 말을 하는 것이 중요하다.

내가 상대의 이야기 중간에 공감하는 말을 해 주면 상대도 목소리의 톤이 살아날 수도 있다. 이야기하는 사람도 사람인지라 이야기의 중반을 넘어서면 지쳐서 목소리의 톤이 다운되고 이야기 흐름도 지루하게 바뀔 수 있다. 이런 것을 방지하기 위해서라도 중간중간 상대의 말에 공감하는 말을 하는 것이 중요하다. 이를 테면 "그래서 그다음은 어떻게 되었는데?"나 "나도 예전에 그런 경험이 있었어"라고 말하는 것이 그것이다. 이와 같은 말을 중간중간 한다면 상대도 내가 자신의 이야기에 공감하고 경청하고 있다는 것을 알 수 있다. 이런 것을 알고 있으면 상대도 힘이 생겨서 처음과 비슷하거나 더 높은 톤으로 이야기할 수 있다. 이렇게 되면 이야기의 흐름이 지루할 틈 없이 재미있게 흐를 수 있다.

여기서 짚고 넘어가야 하는 것이 한 가지 있다. 그것은 상대의 공감한다는 표현의 말을 해야지 내 생각을 표현하는 말을 해서는 안 된다는 것이다. 이는 현재 상대의 이야기가 끝나지 않았기 때문이다. 물론 상대의 이야기가 끝이 났다면 내 생각을 표현하는 말을 해도 무관하다. 하지만 상대의 이야기가 끝나지 않았다면 이는 상대에게 내가 자신을 무시하고 있다는 느낌을 줄 수 있다. 이렇게 되면 상대와의 대화는 어김없이 삐걱거려서 원하지 않는 방향으로 흐를 것이다. 그래서 상대의 이야기가 끝나지 않았다면 자신의 의견을 표현하는 말 대신 상대의 이야기에 공감한다는 표현의 말을 해야 한다.

상대의 이야기에 공감한다는 표현의 말을 한다는 것은 나의 입장에서는 경청하는데 흐트러질 수 있는 집중력을 유지할 수 있게 해 줄 수 있다. 이것만으로도 상대에게 내가 공감하고 자신의 말에 경청하고 있다는 것을 보여줄 수 있다.

| 내 생각은 상대의 이야기가 끝난 후에 말하라 |

소통은 나와 상대가 이야기를 주고받음으로써 생각을 교환하는 것에서 시작된다. 나와 상대가 서로의 의견을 주고받을 때는 서로의 이야기를 주의 깊게 듣는 것이 필수적이다. 즉, 상대의 이야기를 경청해야 한다는 것이다. 경청하는 이유는 상대의 이야기를 자세히 들음으로써 상대가 진정으로 원하는 것의 본질을 파악하는 것이다. 그러기 위해서는 무엇보다도 상대의 이야기를 끝까지 들어주어야 한다. 상대의 이야기를 끝까지 들어 주어야 상대 이야기의 본질을 제대로 파악할 수 있다. 아울러 나의 의견도 그 본질에 맞추어 이야기할 수 있다. 이렇게 되면 상대와의 소통이 수월해진다.

상대와의 소통이 수월해지기 위해서는 상대의 이야기를 내가 중간에서 끊지 않고 끝까지 들어야 한다. 이는 바꿔 말해 나의 의견을 이야기할 때는 상대의 이야기가 끝난 후에 해야 한다는 것이다. 나의 의견은 상대의 이야기가 끝난 후에 말하는 것은 상대의 이야기를 끝까지 듣고 이야기의 본질을 제대로 파악해야 한다는 것에서 비롯된 것이다. 하지만 상대의 이야기가 끝나는 타이밍을 파악하기가 쉽지 않다. 그렇다면 상대의 이야기가 끝났는지 아닌지는 어떻게 파악할 수 있을까?

이를 가장 알기 쉬운 것은 상대가 질문하는 경우이다. 상대가 나에게 질문할 때는 "~는 어떻겠습니까?", "왜 이런 결과가 나왔을까요?", "당신의 의견은 어떻습니까?"라는 표현을 한다. 이런 질문하는 표현은 바로 파악이 된다. 따라서 질문이 끝난 후에 나의 의견을 말하면 된다. 하지만 우리가 대화하다 보면 질문만 하지는 않는다. 문법적으로 말하면 의문문의 표현만 사용하는 것이 아니라 감탄문이나 평서문으로도 대화가 이루어진다. 이때는 상대의 이야기가 끝나는 타이밍을 알아차리기가 쉽지 않다. 그래서 내 의견을 말하는 타이밍을 놓치는 경우가 많다.

그런데 대화하다 보면 의외로 상대의 말이 끝나는 타이밍을 잡을 수 있는 신호가 많이 있다. 사람이 장시간 말을 하더라도 그 한계가 있게 마련이다. 그 한계가 올 때 사람은 한숨 돌리는 행동을 한다. 이는 마치 등산할 때 중간에 힘이 들면 잠시 숨을 고르며 쉬어가는 것과 같은 경우이다. 이는 말할 때도 마찬가지다. 장시간 말하는 것은 등산하는 것처럼 엄청난 체력을 소모한다. 그래서 말할 때도 쉬어가는 타이밍이 필요하다. 이 쉬어가는 타이밍이 문장이 끝났을 때 쉬는 타이밍이 그전보다 길다면(보통 15초 이상) 이는 상대가 쉬어가기를 원하는 것이다. 이때 나의 의견을 말한다면 효과적일 수 있다. 이 시간은 어차피 상대는 쉬어가려고 생각했기 때문에 나의 의견을 말하는 것이 오히려 고마울 수도 있다. 내 의견을 말하는 동안 상대는 쉴 수 있기 때문이다. 이때 내가 내 의견을 말하면 상대도 기분 나빠하지는 않을 것이다. 오히려 내 의견을 제대로 들어줄 수도 있다. 물론 여기서 가장 중요한 것은 내가 상대의 말을 경청했다는 전제하에서다. 이때도 상대가 자신의 이야기를 할 때 메모해 놓는 것이 좋다. 메모를 바탕으로 나의 의견을 이야기한다면 상대에게 더 효과적이고 상대에게 더 공감을 살 수 있다.

이런 것은 나도 예전에 그런 경험이 있었기 때문에 가슴 깊이 느꼈던 것이다. 나도 얼마 전까지 상대의 말이 끝나는 타이밍을 잡지 못해 본의 아니게 상대를 곤경에 빠트린 적이 있었다. 상대가 공경에 빠지니 제대로 된 소통이 될 리가 없었다. 그런데 나는 한 심리치료사를 만나면서 그것이 바뀌게 되었다. 심리치료사의 도움으로 상대의 말을 끝나는 타이밍의 어떤 상황에서인지 알게 된 후 상대가 이야기하는 도중 끼어드는 불상사를 줄일 수 있었다. 이렇게 되니 나는 상대와 소통하기가 한결 수월해졌다. 심리치료사를 만나기 전 나는 상대의 이야기가 끝나기도 전에 끼어들어 내 이야기를 함으로써 서로 불편했던 적이 한두 번이 아니었다. 심지어는 서로 다시는 이야기하고 싶지 않은 경우도 있었다. 하지만 심리치료사를 만난 후 나는 내 의견을 말할 타이밍을 제대로 포착할 수 있었고 상대와의 소통도 잘되었다. 더 이상 서로 불편해하는 경우도 없었고 다시는 그 사람과 이야기하기 싫다는 생각도 들지 않았다.

나의 경우에서 보듯 상대의 이야기를 중간에서 끊지 않고 끝까지 들어주는 것이 얼마나 중요한 것인지 알 수 있을 것이다. 이런 것을 잘 보여준 사람이 공자이다. 공자의 제자들이 공자의 대화를 엮은 『논어』에서 보면 공자는 자신의 의견을 말할 타이밍을 기가 막히게 잘 잡는다. 이 때문에 대화를 보면 물 흐르듯이 부드럽게 이어지는 것을 알 수 있다.

> 계손 씨가 전유를 정벌하려 하자 염유와 자로가 공자를 찾아뵙고 말씀드렸다. "계씨가 전유에 대해 일을 벌이려고 합니다."
>
> 공자께서 말씀하셨다. "구(염유)야! 그것은 너의 잘못이 아니겠느냐? 전유는 옛날 선왕께서 동몽주로 삼으셨고, 또한 우리나라의 영역 안에 있다. 이는 이 나라 사직의 신하인데 어째서 정벌한다는 것이냐?"
>
> 염유가 말하였다. "계씨가 그렇게 하려는 것이지 저희 두 신하는 둘 다 원하지 않습니다."
>
> 공자께서 말씀하셨다. "구야! 주임이 말하기를 '능력을 다 발휘해서 벼슬자리에 나아가되, 능력이 안 되는 사람은 그만두어야 한다'고 하였다. 위태로운데도 도와주지 않고 넘어가는데도 붙잡아주지 않는다면 호랑이나 외뿔소가 우리에서 뛰쳐나오고, 점치는 거북이나 귀한 옥이 궤 속에

서 깨졌다면, 이는 누구의 잘못이겠느냐?"

염유가 말하였다. "지금 전유는 성곽이 견고한 데다가 계씨의 관할인 비에 가깝기 때문에, 지금 빼앗지 않으면 후세에 반드시 자손들의 근심거리가 될 것입니다."

공자께서 말씀하셨다. "구야! 군자는 자기가 원한다고 솔직하게 말하지 않고 그것을 위하여 말을 꾸며대는 것을 미워한다. 내가 듣건대, 국가를 다스리는 사람은 백성이나 토지가 적은 것을 걱정하지 말고 분배가 균등하지 못한 것을 걱정하며, 가난한 것을 걱정하지 말고 평안하지 못한 것을 걱정하라고 했다. 대개 분배가 균등하고 가난이 없고, 서로가 화합을 이루면 백성이 적은 것이 문제될 리 없으며, 평안하면 나라가 기울어질 일이 없다. 그렇기 때문에 먼 곳에 있는 사람들이 복종하지 않으면 문화와 덕망을 닦아서 그들이 따라오도록 하고, 온 다음에는 그들을 평안하게 해 주는 것이다. 그런데 지금은 유(자로)와 구는 계씨를 돕는다면서도, 먼 곳의 사람들이 보공하지 않는데 따라오게 하지도 못하고, 나라가 조각조각 떨어져 나가는데도 지키지 못하며, 나라 안에서 군사를 동원하려 꾀하고 있구나. 내가 걱정되는 것은, 계손 씨의 근심이 전유 땅에 있는 것이 아니라, 그 집안에 있다는 것이다."

ー『논어』 '계씨' 중에서

논어의 내용을 보면 공자는 상대의 이야기가 끝나는 타이밍을 기가 막히게 파악한다. 그래서 공자가 길게 말을 해도 제자들이 경청하고 그것을 토대로 자신들의 의견을 말하고 있다. 물론 제자들도 공자의 이야기를 중간에 끊지 않고 끝까지 듣고 있다. 이렇기 때문에 공자와 제자들의 대화는 의견을 교환하는 것이지만 물 흐르듯이 자연스럽게 이어지고 있다.

이는 공자가 자신의 의견을 보다 더 효과적으로 상대에게 이야기하려면 상대의 이야기를 중간에서 끊지 않고 끝까지 들어주는 것이 중요하다는 것을 알고 있었던 것이다. 공자의 일화처럼 상대가 이야기할 때 중간에서 끊지 않고 끝까지 들어주는 것이 소통에 있어서 중요한 것이다.

| 상대의 이야기를 끝까지 들어주는 것, 이것은 경청이다 |

'경청'을 사전적 의미로 풀어보면 다음과 같다. 경청이란 '상대의 말을 듣기만 하는 것이 아니라, 상대가 전달하고자 하는 말의 내용은 물론이며, 그 내면에 깔려 있는 동기나 정서에 귀를 기울여 듣고 이해된 바를 상대에게 피드백하여 말한다'는 의미를 지니고 있다. 경청의 사전적 의미를 보면 경청을 하는 데 있어서 중요한 부분이 '상대가 전달하는 말'뿐 아니라 '그 속에 있는 동기나 정서에 귀를 기울여 듣는 것'이다. 이것을 바탕으로 상대에게 피드백을 주는 것이 경청이라는 것이다.

'상대의 말 속에 있는 동기나 정서'에 귀 기울이는 것은 상대가 나에게 하고 싶은 말의 핵심 포인트를 제대로 잡는다는 것과 일맥상통한다. 상대가 하는 말의 핵심 포인트를 놓치지 않기 위해서는 상대가 말하는 내용을 메모하면서 들어야 한다. 메모하면 순간적으로는 잊어버릴 수 있는 기억을 저장하는 효과를 볼 수 있다. 상대의 말을 메모하면 순간적으로는 그 말을 잊어버릴 수는 있어도 메모된 것을 보면 기억을 제대로 되살릴 수 있고 피드백을 해주는데 있어서도 유용하게 쓰인다. 또 하나 상대가 하는 말의 핵심 포인트를 놓치지 않기 위해서는 상대의 이야기를 중간에서 끊지 않고 끝까지 들어야 한다. 상대의 이야기를 끝까지 들어야 상대가 하는 말 속에 있는 동기나 정서를 제대로 파악할 수 있다. 상대의 정서와 동기를 제대로 파악한다면 내가 피드백을 해주는데 있어서도 효과적으로 해줄 수 있다.

상대의 이야기가 끝나는 시점을 파악하는 것은 앞에서 이야기했다. 그 타이밍에 맞춰 나의 의견을 이야기한다면 상대로서도 내가 하려고 하는 피드백을 제대로 받아들일 수 있다. 그렇지 않고 상대가 말을 하는 도중 내가 상대의 말을 끊고 내 이야기하면 상대는 어떤 느낌을 받을까? 분명 나에게 짜증날 것이다. 이것이 겉으로 드러날 수도 있고 그렇지 않을 수도 있지만. 이렇게 되면 상대 입장에서는 내가 자신의 이야기에 관심이 없고 경청하고 있지 않는다고 느낄 수 있고, 나아가서는 나의 피드백도 제대로 받아들이지 않을 것이다. 최악의 경우는 다시는 나와 대화하지 않을 마음을 먹을 수도 있다.

이런 부작용을 방지하기 위해서라도 상대의 이야기를 무슨 일이 있어도 끝까지 들어주어야 한다. 상대의 이야기를 끝까지 들어준 다음 질문을 해도 늦지 않고, 피드백을 하는 말을 해도 늦지 않다. 또한, 질문을 하더라도 더 상대에게 효과적인 질문을 할 수 있고, 피드백을 해 주더라도 효과적으로 해줄 수 있다. 이는 공자, 소크라테스, 맹자, 예수의 대화를 기록한 책을 보면 알 수 있다. 이들은 하나같이 상대의 이야기를 중간에서 끊지 않고 끝까지 들어준다는 것을 알 수 있다. 『논어』, 『맹자』, 플라톤의 대화편, 신약성경을 보면 이들은 상대가 말하는 중간에 끼어들지 않는다. 이들은 질문하든, 피드백을 해 주는 말을 하든 상대의 이야기가 끝난 후에 자신의 의견을 말한다. 그래서 이들의 대화를 보면 부드럽게 이어지는 것이다.

여기서 한 가지 유의해야 할 것이 있다. 내가 상대에게 피드백을 해준다고 해도 이를 받아들일지 그렇지 않을지를 결정하는 것은 상대이다. 따라서 내가 어떻게 하라고 강요할 수는 없다. 그래서 상대가 내 피드백을 어떻게 받아들이더라도 그것은 신경 쓸 일이 아니다. 단지 나는 상대에게 자신의 이야기를 경청하고 있다는 것을 보여주면 되는 것이다.

어떤 경우는 내가 상대의 말에 경청하는 것만 보여주는 것 자체로도 피드백을 받는 경우가 있다. 힘든 일이 있을 때 친한 친구와 술을 마시며 내 하소연을 풀어놓는 경우가 그것이다. 나도 친한 친구 D가 술을 마시면서 하소연을 털어놨을 때 나는 그 친구의 이야기를 듣고만 있었다. 중간중간 공감하는 말은 했지만 내 의견은 말하지 않았다. 하지만 다음날 친구에게서 전날 내가 자신의 말을 들어준 것이 도움이 많이 되었다고 했다. 이 친구는 필요했던 것이 하소연에 조언해 줄 사람을 원했던 것이 아니라 자신의 말을 들어주는 사람을 필요로 했던 것이다. 그리고 다음 날 이 친구는 밝은 목소리로 전화하면서 나에게 고맙다고 했다.

나와 친구의 사례처럼 내가 피드백 안 해도 상대의 이야기를 끝까지 들어줌으로써 도움을 주는 경우가 있다. 이것은 내가 상대의 이야기를 끝까지 들었기에 가능했다. 이처럼 경청에 있어서 상대의 이야기를 끝까지 들어주는 것이 중요하다.

Chapter 7

나의 견해는
제일 마지막에 말하라

| 경청할 때 끝까지 들어주는 것이 중요하다 |

'경청'이라는 것은 상대의 이야기를 주의 깊게 들음으로써 상대
가 하는 이야기의 진짜 의도를 파악하는 것이다. 상대가 말하는 바
의 진짜 의도를 파악하기 위해서는 상대의 이야기를 무슨 일이 있
더라도 끝까지 들어주어야 한다. 여기서 '상대의 이야기를 끝까지
들어주는 것'은 무조건 상대의 이야기가 끝날 때까지 그냥 듣고만
있으라는 것은 아니다. 상대가 이야기할 때 메모하면서 상대가 이
야기하는 바의 핵심 포인트를 파악하며 들어야 한다. 또한, 필요하
다면 상대에게 질문해서 좀 더 구체적으로 상대가 말하는 바의 핵
심 포인트를 파악할 필요도 있다.

그리고 상대가 이야기할 때 상대의 말이 길어지지 않게 적절히 중간에서 호응해 주는 말이나 질문해 주는 것이 좋다. 아무리 경청을 잘하는 사람이라도 상대의 말이 길어지면 지루하게 느낄 수밖에 없고 이렇게 되면 집중력을 잃어버릴 수 있다. 이는 우리의 학창시절을 떠올려보면 잘 알 것이다. 나의 학창시절을 떠올려보면 한 달에 한 번 전교생이 운동장에 모여 조회를 했다. 그중 가장 기억에 남는 것은 교장 선생님의 말씀이었다. 교장 선생님의 말씀은 훌륭한 말씀이어서 기억에 남는 경우가 있고, 지루해서 기억에 남는 경우가 있다. 나 같은 경우, 아니 대부분의 경우라면 지루해서 기억에 남을 것이다. '교장 선생님의 말씀은 너무 지루해서 끝나는 시간만 기다렸다'는 것을.

학창시절 교장 선생님의 말씀을 들어보면 길고 지루하게 한 것이 대부분이었다. 그래서 내용은 하나도 기억이 나지 않는 것이다. 게다가 "마지막으로 한 마디만 더 하겠습니다"라는 말을 한 번의 조회시간에 여러 번 반복했던 것을 기억한다. 이때 듣고 있는 학생뿐만 아니라 교감 선생님 이하 일반 선생님들의 표정도 지루해 하던 것이 기억이 난다. 이처럼 상대의 이야기가 길어지면 그 속에 있는 핵심 내용도 파악하기 힘 들 뿐 아니라 듣는 집중력도 떨어지게 마련이다. 이 때문에 학창시절의 조회시간을 떠올리면 교장 선생님께서 하신 말씀의 내용은 기억이 나지 않지만 지루했다는 것은 생생히 기억하고 있다(조회 시간의 교장 선생님은 학생들에게 좋은 말씀을 이해하기 쉽게 말하기 위해 길게 했을 것이다. 그래서 교장 선생님이 길게 이야기하는 것을 비하할 이유는 절대로 없다).

학창시절 조회시간에 했던 교장 선생님의 말씀처럼 이야기가 지루하고 길게 늘어지지 않기 위해서는 상대의 기분이 상하게 하지 않으면서 중간에 이야기를 끊어주는 것이 좋다. 이것은 상대의 이야기를 중간에서 끊고 나의 의견을 이야기하는 것과는 차이가 있다. 여기서 말하는 상대의 이야기를 중간에서 끊는 것은 상대가 이야기할 때 쉬어갈 타이밍을 주는 것이다. 이때 상대 이야기의 흐름을 끊지 않으려면 상대 이야기에 질문하거나 호응해 주는 것이다. 이것은 마치 우리가 사과 하나를 한 입에 다 먹을 수가 없어서 잘게 조각내어서 잘라 먹는 것과 같다. 사과를 한 입에 먹으나 잘게 조각내어서 먹으나 먹는 것은 마찬가지다. 다만 조각을 내어서 먹으면 체하지 않고 먹을 수 있다.

우리가 상대와 이야기할 때도 사과를 먹을 때와 마찬가지다. 이는 내가 이야기를 하든 상대가 이야기를 하든 마찬가지다. 이야기가 길어져 상대가 지루하게 느끼는 것은 사과를 한 입에 다 먹으려고 해서 체하는 것과 같다. 그래서 상대의 이야기도 잘게 조각내서 들어줘야 한다. 이 조각도 너무 커서 한 입에 먹기 곤란하게 되면 안 된다. 이는 내가 상대의 말을 중간에 끊어 나의 이야기를 함으로써 상대에게 불쾌감을 느끼게 하는 것과 같다. 그렇기 때문에 상대의 말이 끝나는 타이밍을 제대로 파악해야 한다. 상대의 말이 끝나고 침묵이 이어질 때가 가장 좋은 타이밍이다. 이 타이밍에 내가 상대의 의견에 호응해 주거나 상대에게 질문하기 좋다. 또한, 상대도 쉬어가는 타이밍으로 생각하고 불쾌한 마음을 가지지 않을 것이다.

상대의 말을 끝까지 들어주는 것은 마치 상대가 사과 한 조각을 꼭꼭 씹어서 위로 넘길 때까지 기다리는 것이다. 사과가 아직 입속에 있는데 내가 말을 시킨다거나 한 조각 더 먹어보라고 한다면 상대는 어떻게 생각하겠는가? 아마도 상대는 기분이 언짢을 것이다. 그리고 상대의 입장에서도 사과가 입속에 있는데 말한다면 씹다 남은 사과가 입 밖으로 나와서 나에게 튈 수도 있다. 이때 나도 마찬가지로 기분이 별로 좋지는 않을 것이다. 또한, 사과가 아직 입속에 있는데 한 조각을 더 준다면 이는 십중팔구 체할 것이다.

내가 상대의 말을 들을 때도 사과 하나를 조각내서 한 조각씩 먹는 것처럼 상대의 이야기를 조각내서 듣는 것이 좋다. 물론 사과 조각을 먹는 중간인 상대가 쉬어가는 타이밍에는 상대의 이야기에 대한 호응이나 질문을 함으로써 상대 이야기의 흐름도 이어가고 경청을 더 집중해서 할 수 있다. 이것은 서로에 대한 배려가 된다. 서로에 대한 배려가 있으면 소통은 더 잘 될 것이다.

| 내 의견을 마지막에 말하는 것, 상대에 대한 배려이다 |

우리가 친구나 지인의 집에 초대받아 주인이 대접해 주는 요리를 먹으면 주인은 요리에 대한 평을 해달라고 한다. 그 전에 상대는 요리의 재료가 무엇이며 어떤 방법으로 요리했는지 알려준다. 그리고 손님이 음식을 다 먹을 때까지 기다렸다가 다 먹고 난 뒤 음식이 어떤지 평가해달라고 한다. 음식을 끝까지 다 먹어야 그 속에 숨겨진 맛을 제대로 알 수 있어서 그런 것이다.

이러한 것은 우리가 대화할 때도 마찬가지다. 내가 나의 의견을 말하기 전에 상대의 이야기를 끝까지 들어주어야 한다. 그래야 요리사가 의도한 맛을 음식을 다 먹어야 알 수 있듯이 상대 이야기의 숨은 의도와 진정한 의도를 파악할 수 있다. 여기서 중간중간 하는 공감의 표현이나 질문과 나의 의견을 말하는 것은 다른 것이다. 공감이나 질문은 마치 마라토너가 레이스 중간중간 마시는 음료수 같은 청량제 역할을 한다. 마라토너가 음료수를 마시지 않고 풀코스를 완주할 수는 있다. 하지만 중간에 음료수를 마시지 않는다면 기록은 늦어질 것이다. 기록을 단축하려면 중간 중간 음료수를 마시는 것이 중요하듯 공감이나 질문이 상대의 이야기를 지루하지 않게 하는 역할을 한다.

하지만 상대의 이야기를 중간에 끊고 나의 의견을 말하는 것은 청량음료가 아니라 오히려 독약에 가깝다. 상대는 자기의 이야기가 다 끝나지도 않았는데 내가 끼어들어서 나의 이야기를 한다면 어떤 느낌을 받을까? 아마도 내가 자신의 의견을 제대로 듣지 않는다고 생각할 것이고, 내가 자신을 무시하고 있다는 생각이 들 것이다. 상대로부터 무시 받는다는 생각이 들면 어떨까? 상대가 겉으로 표현하지 않을 수도 있지만 나에게 불쾌감을 느끼고 두 번 다시는 나와 이야기하지 않겠다고 생각할 것이다.

이러한 것은 우리 주변에서도 볼 수 있다. 나의 경우는 명절마다

윗집에 사는 아주머니가 선물을 들고 찾아와서 고맙다고 인사를 한다. 그 이유는 내가 요즘 문제가 되는 층간 소음에 대해서 서로 이해하고 합의했기 때문이다. 나는 아직도 처음 우리집 벨을 누르던 그 아주머니의 표정을 기억하고 있다. 그 아주머니는 몹시 긴장한 표정을 하고 있었다. 아마도 혹여나 '내가 층간 소음 문제로 화내며 싸움을 걸지 않을까?'하는 생각이 들어서였을 것이다. 거기에다 남편도 해외 출장으로 집을 비운 상황이어서 더 그랬을 것이다. 그때 나는 문을 열어 "무슨 일이죠?"라고 물었다. 그 아주머니는 "윗집에 사는 사람인데 우리집 애들(윗집은 아들만 셋이다)이 장난이 워낙 심해서 쿵쿵거리는 소리를 거슬려 할 것 같아서 말씀드리려고 온 것이에요. 특히 밤에 좀 심했을 텐데 주무시는 데 불편 끼친 건 아닌 건가요?"라고 말했다.

그리고는 "우리 애들 같은 어린 시절을 겪어서 아시겠지만 지금 애들 나이에 쿵쿵거리지 않은 애들이 어디 있겠어요. 그래서 양해를 구하려고 왔어요. 이해해줄 수 있죠?"라고 심각한 표정을 지으며 말했다. 이 말을 들으니 나의 이런 시절이 생각났다. 나는 7살부터 아파트에서 살았었다. 그때 나는 동생(남동생)과 자주 장난치며 쿵쿵거렸다. 한 번은 아래층 아주머니가 임신한 것도 모른 채 쿵쿵거린 적이 있다. 그래서 부모님이 아래층을 찾아가서 이해해달라고 했고 새댁의 지금 상황도 이해가 가니까 주의 시키겠다는 말을 했다. 부모님은 아래층 아저씨가 경찰(정확히는 강력반 형사였다)인데 심하게 쿵쿵거리면 아저씨한테 전화해서 경찰서에 잡아가게 하겠다는 말도 했다. 이런 어린 시절이 있었기에 위층 아주머니의 심정을 이해할 수 있었다.

그래서 나는 "저도 애들 나이 때에 동생이랑 자주 쿵쿵거려서 층간 소음을 발생시킨 적이 있었어요. 그때 아래층 아주머니가 임신한 것도 모르고요. 그래서 저도 이런 층간 소음에 대해서 뭐라고 할 자격은 없어요. 그리고 애들은 그러고 크잖아요. 하지만 밤 11시 이후에는 저도 자야 하니까 그 이후에만 쿵쿵거리지만 않으면 괜찮아요"라고 말했다. 아주머니는 내 말을 듣고 고맙다고 말하면서 돌아갔고, 그 이후 한 번씩 볼 때면 웃으면서 인사하고 안부를 묻는 정도가 되었다.

만약 내가 위층에서 왔다는 이야기만 듣고 그 아주머니의 이야기를 다 듣지 않았다면 어떻게 되었을까? 아마도 서로 소리를 지르며 싸웠을 것이고 출장을 갔던 아주머니의 남편이 돌아왔다면 폭력사태로 번졌을 수도 있었다. 하지만 나는 아주머니의 이야기를 끝까지 듣고 내 의견을 말함으로써 요즘 문제가 되는 층간 소음 문제를 아무 탈 없이 해결했다. 이 일로 이웃 사이의 관계가 돈독해지는 계기가 되었다.

나와 위층의 아주머니처럼 상대의 이야기를 끝까지 듣고 나의 의견을 이야기하니까 층간 소음에 대한 문제가 자연스레 해결되었고 덤으로 명절에 선물까지 받게 되었다. 나의 경우처럼 상대의 이야기를 끝까지 듣고 나의 의견을 말하는 것은 세종, 이순신, 공자, 소크라테스 같은 특별한 사람만이 하는 것이 아니라는 것을 보여 준다. 이런 사람들은 상대의 이야기를 끝까지 들어주는 경청을 잘해서 특별하게 된 것이지 처음부터 특별한 사람은 아니었다. 이는 다시 말해 상대의 말을 끝까지 듣고 상대의 의도를 정확하게 파악하는 경청과 그 후 그에 따른 나의 의견을 말하는 것은 누구든지 마음만 먹으면 할 수 있다. 못하는 것이 아니라 시도 자체를 안 하는 것이다.

| 내 의견은 짧게 말하라 |

'신에게는 아직 12척의 전선(배)이 있습니다. 죽을힘을 다하여 싸운다면 오히려 적을 막아낼 수 있습니다.'

— 이순신

'국민의, 국민에 의한, 국민을 위한 정부는 이 땅에서 영원히 사라지지 않을 것이다(This government of the people, by the people and for the people, shall not perish from the earth).'

— 에이브러햄 링컨의 게티스버그 연설

'나는 여전히 배가 고프다(I'm still still hungry!).'

— 거스 히딩크

이 말들은 누구나 한 번씩은 들어봤을 것이다. 학창시절 교과서에 나온 내용도 있고, 언론을 통해서 들은 내용도 있다. 또한, 이 말들은 사람들의 뇌리에 그만큼 감명 깊게 남아있는 말이기도 하다. 또 하나 이 말들은 짧은 말이기도 하지만 강력하게 자신의 의견을 표현하는 말이다. 다시 말해 내용이 짧기 때문에 사람의 머릿속에 그만큼 기억하기 좋다는 것이다.

특히 링컨의 게티스버그 연설 같은 경우 단 3분 20초 정도의 길이었다. 그럼에도 다른 연설보다 더 강력하게 사람들의 기억에 남는 이유는 그만큼 내용은 짧고 메시지는 강력했기 때문이다(앞에 언급했던 내용은 게티스버그 연설의 마지막 부분이다).

이는 우리의 학창시절 조회시간에 교장 선생님이 하신 말씀을 떠올려 보면 알 것이다. "조회시간 한 교장 선생님의 말씀 중에 기억에 남는 것이 있는가?"라고 물으면 십중팔구 "기억이 안 난다"거나 "마지막으로 한 마디만 더 하겠습니다"일 것이다. 이런 답이 나오는 것은 모든 교장 선생님들이 그런 것은 아니지만, 대부분은 조회시간에 길고 지루하게 말씀하셨기 때문일 것이다. 그래서 교장 선생님의 말씀에 집중할 수가 없어서 제대로 들을 수가 없었다.

교장 선생님의 말씀도 따지고 보면 자신의 의견을 말하는 것이다. 이런 자리에서 길게 이야기하면 아무리 감명 깊은 내용이더라도 듣는 사람은 지루하게 느끼게 마련이다. 상대가 하는 말을 지루하게 느낀다면 집중력을 잃게 되고 경청할 수가 없다. 이것을 방지하기 위해서라도 나의 의견은 최대한 짧게 말해야 한다.

이러한 것은 소통에 있어서도 마찬가지다. 상대가 이야기할 때 잘게 조각내어 지루하지 않게 하는 것이 중요하다. 그래야 메모하면서 상대의 이야기를 제대로 들을 수 있고 상대 이야기의 핵심 포인트를 잡을 수 있다. 필요하다면 상대의 말에 호응한다거나 질문해서 지루하지 않게 할 수도 있다. 그런 후 상대의 이야기가 완전히 끝났다면 상대에게 잘 전달될 수 있게 길이는 짧고 내용은 강력하게 각인될 수 있게 해야 한다.

'어린이들을 위해 우리 어른들은 보다 더 나은 세상을 만들어 그들에게 돌려줄 의무와 책임이 있다는 것을 잊지 말아야 한다.'

— 교황 프란치스코

'희망이 없는 젊은이는 청년이 아니라, 이미 노인이 된 것입니다. 희망은 젊음의 일부분입니다.'

— 교황 프란치스코

'죽기를 각오하고 싸우면 살 것이고, 살기를 각오하고 싸우면 죽을 것이다.'

— 이순신

'쓰러질지언정 무릎은 꿇지 않는다.'

— 박지성

프란치스코 교황, 이순신 장군, 박지성의 말. 이 말들의 공통적인 것은 짧은 문장으로 자신의 의견을 말한 것이지만 강력한 메시지를 주고 있다. 이 말들을 보고 지루하게 느낄 사람은 없을 것이다.

몇 번 듣다 보면 자연스레 머릿속에 기억될 수 있을 정도다.

이처럼 소통할 때 나의 의견을 이야기할 때는 길이는 짧게 하되 내용은 강력한 메시지가 들어있는 것이 중요한 것이다.

Chapter 8

경청을 잘하는 사람이
소통을 잘한다

| 경청, 상대와 내가 공감한다는 증거이다 |

모든 소통의 시작은 상대와 내가 서로에 대해 공감하는 것에서 시작된다. 서로가 서로에 대해 공감하기 위해서는 서로에 대한 관심이 필요하고 서로의 이야기를 잘 들어주는 것에서 시작된다. 즉, 경청을 잘하는 것이 상대에 대해서 공감을 잘한다는 것이다.

상대의 이야기를 잘 듣는다는 것, 경청을 잘한다는 것은 반대로 생각해보면 상대의 이야기에 관심이 있다는 증거다. 만약 상대의 이야기에 관심이 없으면 잘 듣지도 않을 것이다. 상대는 내가 자신의 이야기를 들어주는 것만으로 내가 자신에게 공감이 있다는 것을 느낄 것이다. 이렇게 되면 서로 이야기하기가 더욱 쉬워질 것이고 소통하는 데 어려움이 없을 것이다.

몇 년 전 친한 후배 K가 고민이 있다며 나에게 전화한 적이 있었다. K는 당시 '다니고 있던 회사를 계속 다니느냐, 아니면 자신이 좋아하는 일을 하기 위해 과감히 사표를 쓰고 새로운 도전을 할 것이냐' 하는 기로에 서 있었다. K의 말을 종합해 보면 부모님을 생각한다면 다니고 있는 직장에서 안정적으로 월급을 받으며 일하고 싶었고, 다른 한편으로 자신을 생각한다면 본인이 하고 싶은 일을 꼭 하고 싶다고 했다. 가장 걱정이 되는 것은 회사를 그만두면 생기는 부모님과의 갈등을 어떻게 해결할지도 고민이라고 했다. 나는 이 이야기를 들었을 때 핵심이 자신이 하고 싶은 일을 꼭 하고 싶다는 것이었다. 여기서 가장 좋은 시나리오는 부모님을 잘 설득해서 자신이 하고 싶은 일을 하는 것이다.

이때 나는 얼마 전 들었던 법륜 스님의 강연 내용이 생각이 났고, 그것을 K에게 이야기해주었다. 법륜 스님은 강연에서 "나의 인생은 내가 결정하는 것이다. 그 누구도 나를 대신해서 결정해 줄 수가 없다. 단지 조언만 해 줄 수 있을 뿐이다", "만일 당신이 하고 싶은 일을 당신이 책임지고 후회하지 않는다면 부모님도 크게 반대를 하시지는 않을 것이다", "훗날 지금 결정을 못해서 후회가 된다면 지금 당신이 하고 싶은 일을 하라. 그래도 후회를 하지 않을 자신이 있다면 지금 다니고 있는 직장에 계속 다녀라"라고 말을 했다. 나는 K에게 이 이야기를 해 주면서 "나중에 후회하지 않으려면 지금이라도 하고 싶은 일을 하라"고 조언했다. K는 며칠 동안 생각하다가 결국 자신이 하고 싶은 일을 하겠다고 했다.

나와 K의 대화처럼 내가 K에게 조언해 줄 수 있었던 데는 내가 그의 이야기에 공감해 주고 경청했던 것에서 시작되었다. 내가 그의 이야기에 관심을 가지고 끝까지 들어주었기에 그에게 도움이 되는 방향으로 조언해 줄 수 있었던 것이다. 만일 내가 그의 이야기에 관심이 없었다면 "네 문제는 네가 알아서 해결해라"는 말만 했을 것이고, 이 말을 들은 K는 안 그래도 속으로 고민이 많아서 머리가 복잡한 상태인데 내가 불난 집에 기름을 뿌린 꼴이 되었을 것이다.

이처럼 소통을 할 때 상대의 이야기에 공감해 주는 것이 가장 중요하고, 그럼으로써 자연스럽게 경청할 수 있게 된다. 경청을 잘하면 상대에게도 도움이 되는 조언을 해 줄 수 있다.

나와 K의 이야기에서 보았지만, 상대에 대해서 공감하고 상대의 이야기를 끝까지 들어주는 것, 이것은 누구나 마음만 먹으면 잘할 수 있다. 특별한 사람만이 가지고 있는 능력이 아니다. 그동안 우리가 이런 능력을 갖추고 있었다는 것을 잊었을 뿐이다.

| 경청, 상대에 대한 존중의 표시이다 |

상대의 이야기를 경청하는 것, 이것은 '듣는다'는 것 이상의 의미를 상대에게 준다. 내가 상대의 이야기를 경청한다는 것은 일단 내다 상대의 이야기에 관심이 있기 때문이다. 내가 상대의 이야기에 관심이 없다면 그 이야기에 경청하지 않을 것이고 때에 따라서는 아예 들으려고 하지도 않을 것이다. 또한, 내가 상대의 이야기에 경청하는 것은 상대에게 '존중한다'는 의미를 보이는 것이기도 하다. 상대를 내가 존중하지 않는다면 굳이 상대의 이야기를 경청하면서까지 들을 이유가 없기 때문이다.

우리가 작게는 프레젠테이션이나 크게는 이름난 사람의 강연을 들을 때 듣는 사람의 부류는 둘로 나뉜다. 하나는 정말로 듣고 싶어서 강연에 참석하는 경우이고, 다른 하나는 듣기 싫은 데 억지로 참석하는 경우이다. 대게 이런 것은 듣는 사람의 태도나 표정에서 나타난다. 정말 듣고 싶어서 참석하는 사람의 경우는 일단 눈동자가 맑고 초롱초롱하고 듣는 자세도 흐트러짐이 없다. 여기에다 중요한 내용을 기록할 메모지와 필기구를 들고 중요한 내용은 기록한다.

반대로 듣기 싫은 데 억지로 참석하는 사람의 경우 우선 표정을 보면 인상을 찌푸리고 앉아있는 자세도 삐딱한 경우가 많다. 여기에다 강연에 좀처럼 집중하지 않는 모습이 겉으로 나타나기도 한다. 또한, 강연을 듣는 도중 졸음이 와서 잔다거나 휴대폰을 들여다보는 경우도 있다.

그렇다면 이 두 가지 유형 중 어떤 유형이 경청을 잘하고 있는 것일까? 누가 봐도 첫 번째 유형일 것이다. 첫 번째 유형을 보면 일단 경청을 하겠다는 자세가 겉으로 나타난다. 상대의 이야기에 경청하겠다는 것은 그만큼 상대를 존중하고 있다는 것이다. 이런 것을 본 상대는 신이 나서 말할 것이고 내가 하는 질문에도 성실히 대답해 줄 것이다. 반대의 경우에는 상대는 힘이 빠질 것이고 제대로 된 질문을 받는다는 것은 꿈도 꾸지 못할 것이다.

　내가 아는 사람 중에 한 회사를 이끌어 나가는 C 사장이라는 분이 있다. 그런데 나는 이 C 사장을 가끔 마주칠 때가 있는데 인사를 하는 것 말고는 아무런 대화도 하지 않는다. 그것은 몇 년 전 프레젠테이션(PT) 자리에서 보였던 그의 태도 때문이다. 일반적으로 PT를 하는 것은 자신의 회사 제품이나 자신을 홍보해서 물건이나 서비스를 상대에게 제공하게 만들기 위해서이다. 이때 보통은 여러 업체나 사람들이 참석한다. 그래서 제대로 된 파트너를 선택하기 위해서는 무엇보다 발표자의 이야기를 경청해야 한다. 그래야 제대로 판단을 할 수 있다.

　그런데 C 사장의 경우는 우리 회사가(내가 다녔던 전 직장) PT를 시작할 때부터 자세가 삐딱했고, 제대로 이야기를 듣지 않고 있다는 것을 몸으로 보여 주었다. PT를 하는 경우 아무리 주어진 시간이 짧더라도 준비를 해온 사람의 정성을 생각해서라도 이야기를 제대로 들어주어야 한다. 하지만 이 C 사장은 중간중간 나의 이야기에 끼어들어 아는 내용이라면서 다음으로 넘어가라고 했고, 급기야는 제시한 금액이 비싸다는 것만 걸고 넘어졌다. 이러니 PT를 제대로 할 수 없었던 것은 당연했다. 일반적으로 제품이 비싸면 비쌀 만한 이유가 있는 것이다. 이를 테면 키가 170㎝가 되지 않는 축구선수 리오넬 메시의 몸값이 비싼 이유는 그가 가지고 있는 능력이 누구도 따라올 수 없기 때문이다. 또한, 같은 스마트폰이라도 애플의 아이폰이 다른 스마트폰보다 비싼 것도 이유가 있는 것이다.

이런 차이점은 짧은 시간의 PT로는 자세히 말해 줄 수 없다. 그래서 질문을 통해서 이를 제대로 알아야 하고 발표하는 입장에서도 제대로 말을 해 줄 수 있는 것이다. 그런데 C 사장은 자신이 전문가도 아니면서 전문가인양 행동했고 자세한 것은 제대로 묻지도 않았다. 물론 C 사장은 무조건 최저 금액을 적어낸 업체를 선정했다.

그 후 그 업체 사람들과 만날 기회가 있었는데, 결국 그 업체도 C 사장의 회사와 이견이 있어 그 회사와 함께하지 않기로 했다는 것이다. 협상할 당시 C 사장이 무조건 돈만 깎으려고 했다는 것이다.

만일 C 사장이 발표자들을 일개 거래처 직원이라고 생각하지 않고 상대를 자신의 비즈니스 파트너라고 생각했으면 발표자들의 이야기에 경청했을 것이다. 그랬다면 좀 더 합리적인 결정을 할 수 있었을 것이다. 또한, 입찰에서 탈락한 업체들도 불만을 가지지 않고 다른 프로젝트가 있었다면 입찰했을 것이다. 하지만 C 사장은 그러지 못했고 좋은 파트너만 잃었던 것이다. 이런 것을 보더라도 상대에 대한 존중이 얼마나 중요한지 보여주는 것이다. 참고로 당시 C 사장의 회사와 프로젝트에 입찰했던 회사들의 규모는 비슷했다. 그래서 C 사장의 회사도 '갑질'을 할 수 없었고, 입찰 업체들도 이 프로젝트를 따내지 못했더라도 손해는 보지 않는 상황이었다.

C 사장처럼 상대를 존중하지 않는다면 경청은 당연히 할 수도 없고 나아가서는 앞으로 좋은 파트너가 될 수 있는 회사나 사람을 놓칠 수 있다. 이는 제대로 소통이 이루어지지 않았다는 증거이다.

만일 C 사장이 그때 경청만 잘했더라도 좀 더 좋은 관계로 발전할 수도 있었을 것이다.

이처럼 경청은 내가 상대를 존중하고 있다는 것을 직접 보여주는 표시이다. 이 때문에 경청하는 것이 중요한 것이다.

| 소통은 잘 듣는 것에서 시작된다 |

상대의 이야기를 잘 듣는 사람이라고 해서 모두가 소통을 잘하는 사람은 아니다. 하지만 소통을 잘하는 사람들은 예외 없이 상대의 이야기를 잘 듣는 사람이다. 상대의 이야기를 잘 듣는다는 것은 그만큼 상대에 대한 관심이 있고 상대에 대한 존중이 있는 것이다. 이런 상황에서는 상대의 의견을 듣고 자신의 이야기를 해주더라도 상대는 도움이 되는 방향으로 이야기를 들을 것이다. 또한, 상대도 내 이야기에 경청할 것이다.

『세종실록』에 나오는 세종, 『난중일기』에 나오는 이순신, 『논어』의 공자, 『맹자』의 맹자, 그리고 플라톤의 대화편에 나오는 소크라테스에 대한 내용을 보면 이들의 공통점은 한결같이 상대의 말에 경청한다는 것이다. 이들은 상대의 말을 끝까지 경청한 후 자신들의 이야기를 하고 필요하다면 토론을 통해 가장 좋은 결론을 이끌어낸다. 이들이 이루어 놓은 결과물을 보면 알 수 있다. 이들의 결과물은 누가 봐도 찬란할 것이다. 결국, 이런 찬란한 결과물은 '경청'하는 것에서부터 시작된다.

이 경청은 특별한 사람만이 가지고 있는 능력이 아니다. 모든 사람이 이런 능력을 다 갖추고 있다. 단지 사용하는 법을 모르기 때문이다. 이는 아무리 좋은 스마트폰을 가지고 있더라도 사용법을 모르면 무용지물이 되는 것과 같은 이치이다. 그래서 사용법만 알더라도 스마트폰을 잘 사용하는 것처럼 경청을 잘할 수 있다.

내가 친하게 지내는 사람 중에 내가 고민을 털어놓을 수 있는 유일한 사람이 Y 부장이다. 내가 Y 부장에게 그럴 수 있는 것은 내가 처음 고민 털어놓았을 때가 아직도 기억에 남기 때문이다. 당시 나는 직장 내 한 선배와 갈등이 있었는데 이 갈등을 누구에게도 말하지 못했다. 하루는 Y 부장과 점심을 같이 먹을 기회가 있었다. 당시 내 표정이 안 좋았는지 Y 부장이 먼저 "너 무슨 일 있냐?"고 물었다. 그래도 나는 선뜻 고민을 말할 수가 없었다. 점심식사를 마친 후 산책을 나가려고 하는 찰나 Y 부장이 회사의 구석에 있는 회의실로 나를 데리고 가 문을 잠그고 "여기에는 너와 나 단둘이 있다. 무슨 고민인지 말해 보라. 그리고 여기에서 한 말은 비밀로 할 테니까 편하게 말해라"고 했다. 그때 나는 Y 부장이 나를 배려해준다는 생각이 확실하게 들었고 갈등이 있는 선배의 이야기를 했다. 내가 이야기를 끝마칠 때까지 Y 부장은 단 한 번도 중간에 나의 말을 자르거나 끼어들지 않고 내 말을 들어주었다. 내 말이 끝나자 Y 부장은 자신의 의견을 이야기했다. 당시 Y 부장은 인사담당 부장이라 나와 갈등이 있는 선배의 속사정을 알고 있었고 그것을 이야기해 주었다.

나는 Y 부장이 들려주는 선배의 속사정을 듣고 그 선배의 심정이 이해가 되었다. 그리고 Y 부장은 그 선배에게도 나의 사정을 이야기해 주겠노라고 했다. 나중에 Y 부장은 실제로 그 선배를 따로 불러 내 이야기했고 그 후 개인적으로 만난 그 선배와 나는 서로의 사정을 이해할 수 있었고 많이 친해지게 되었다.

내가 겪었던 일은 직장생활을 하는 사람이라면 거의 모두가 한 번쯤은 겪어본 일일 것이다. 그런데 이런 일을 관리자 입장에서는 어떻게 대응하느냐에 따라 상황은 달라진다. 만일 Y 부장이 내 말을 중간에 끊고 "네가 후배니까 그냥 참아라. 시간이 해결해 준다"라거나 "그것도 못 참으면서 어떻게 직장생활을 할래?"라는 말을 했다면 아마도 나는 제대로 적응을 하지 못했고 그 선배와도 싸워서 둘 다 직장을 그만두었을지도 모를 일이었다. 그런데 Y 부장이 내 이야기를 끝까지 듣고 판단함으로써 최악의 사태는 면했음은 물론이고 나와 선배, 그리고 Y 부장이 서로 돈독한 관계가 되지 않았을지도 모를 일이었다. 지금도 내가 고민이 있으면 누구보다 Y 부장에게 먼저 연락을 해서 말을 한다. 지금은 Y 부장이 인사부에서 다른 부서로 자리를 옮겼지만 그래도 나는 Y 부장에게 고민을 이야기한다. Y 부장은 나뿐만 아니라 부하 직원들의 이야기를 잘 들어주고 조언을 잘해 주기로 유명하다. 내가 직장을 옮긴 지금도. 이런 데는 Y 부장이 경청을 잘하는 것이 한몫을 했음은 물론이다.

Y 부장처럼 일반 사람들도 경청하겠다는 마음만 먹으면 경청을 잘할 수 있다. 경청을 잘하기 위해서는 당연히 상대를 존중하는 마

음이 있어야 한다. 경청은 더 이상, 아니 원래부터 '특별한 사람들만이 하는 것'인 아니다. 마음만 먹으면 누구든지 할 수 있다.

| 경청의 핵심은 상대가 중심에 있는 것이다 |

상대의 이야기를 내가 듣는다는 것은 이야기의 중심이 상대에게 있다는 것이다. 이는 영화로 말하면 상대가 주연배우가 되고 나는 철저히 조연배우가 되어야 한다. 영화에서는 주연배우가 주인공이다. 조연은 주인공을 빛나게 해 주는 역할을 한다. 이는 이야기를 들을 때도 마찬가지다. 경청한다는 것은 누군가는 이야기를 하는 사람이 있다는 것이다. 이때 주인공은 당연히 말을 하는 사람이다. 말을 하는 사람이 중심이 되어 그 사람의 이야기를 듣는 것이다.

그 중 중요한 '경청'을 하려면 두말할 필요 없이 말하는 상대가 주인공이 되어야 한다. 상대의 이야기를 들어주고 나는 거기에 맞춰 조언해 주는 조연이 되어야 한다. 그렇다고 조연의 비중이 적다고 할 수는 없다. 대화가 이루어지려면 반드시 들어주는 사람이 필요하기 때문이다. 들어주는 사람이 없으면 연극의 독백이나 마찬가지이기 때문이다.

내가 조연이 되어서 상대의 이야기를 경청해준다면 상대도 나에 대한 신뢰를 가지고 더 구체적으로 자신의 이야기를 할 수 있고, 깊이 있는 이야기를 나눌 수도 있다. 이는 마치 축구경기에서 수비가 강한 팀이 강팀이 되는 것과 마찬가지다. 축구에서는 아무리 공격력이 강해도 수비가 약하면 대회에서 우승하기가 어렵다. 이는 수비가 불안해서 공격수들이 제대로 공격을 할 수 없기 때문이다.

축구경기에서 주연은 골을 넣는 공격수이다. 조연은 후방을 책임지는 수비수이다. 주연인 공격수가 제대로 기량을 발휘해서 골을 넣게 하려면 조연인 수비수가 맡은 역할인 수비를 견고하게 해줘야 한다. 그렇지 않으면 팀워크가 무너져 제대로 경기를 펼칠 수가 없다. 이는 축구뿐만 아니라 팀 스포츠에서도 마찬가지다. 수비가 제대로 역할을 해 주는 팀이 우승한다는 것이 이를 뒷받침한다.

소통할 때도 마찬가지로 이런 것이 적용된다. 소통에서 이야기하는 사람은 주연이다. 이야기는 내가 할 수도 있고 상대가 할 수도 있다. 마찬가지로 듣는 사람인 조연도 내가 할 수도 있고 상대가 할 수도 있다. 이때, 특히 상대의 이야기를 들을 때 상대에게 중심을 두고 경청해야 한다. 상대가 주연이 되어 편하게 자신의 이야기를 하게 해줘야 하는 것이다. 그리고 나는 상대의 이야기를 경청하고 조언해 주는 조연을 맡으면 되는 것이다. 이렇게 되면 축구경기의 팀워크처럼 소통의 팀워크가 제대로 이루어질 수 있다.

경청할 때는 내가 축구의 수비수처럼 조연이 되고 상대가 공격수처럼 주연이 되게 해 주어야 한다. 다시 말해 경청할 때는 철저히 상대가 중심이 되게 해야 한다. 상대가 이야기의 중심이 될 때 소통의 단추는 제대로 끼워질 수 있는 것이다.

| 경청, 소통으로 가는 마지막 단계이다 |

우리가 피트니스 센터에서 웨이트 트레이닝을 할 때 처음에는 가벼운 무게를 드는 것에서 시작한다. 이는 처음부터 근육에 무리를 주지 않고 서서히 근육을 달련 시키기 위해서이다. 가벼운 무게에서 어느 정도 근육이 적응하고 강해지면 점차 무게를 늘려가야 한다. 이렇게 해야만 근육이 파열되지 않고 제대로 균형을 맞출 수 있기 때문이다. 그래서 웨이트 트레이닝을 할 때 단계적으로 무게를 늘려가면서 하는 것이 중요한 것이다.

웨이트 트레이닝처럼 소통할 때도 단계를 하나씩 거쳐야 한다. 그래야 웨이트 트레이닝을 할 때 단계적으로 무게를 늘려 근육을 단련시킨 사람이 보기 좋고 건강한 근육을 가지듯이 소통도 건강하게 할 수 있게 된다. 그리고 이 소통의 마지막 단계가 상대의 의견을 잘 듣는 것, 즉 경청을 하는 것이다.

소통의 첫 단계는 상대에게 마음의 문을 여는 것이다. 마음의 문을 열고 나서는 상대를 배려해 주어야 한다. 상대를 배려해 주는 것이 두 번째 단계이다. 두 번째 단계를 지나면 상대의 입장에 서서 생각하는 역지사지易地思之의 단계로 나아가야 한다. 역지사지의 단계를 잘 넘으면 비로소 마지막 단계인 상대의 이야기를 제대로 들어주는 경청의 단계로 들어와야 하는 것이다.

소통할 때 첫 단계부터 한 단계씩 단계를 거쳐 경청의 단계에 도달하는 것은 중요하다. 이는 마치 웨이트 트레이닝을 할 때 가벼운 무게에서 시작해 서서히 무게를 늘려 종국에는 무거운 무게를 가뿐히 들 수 있는 것과 같은 것이다.

물론 소통도 단계를 거치지 않고 할 수 있다. 마치 헬기를 타고 한 번에 산 정상에 오르는 것처럼. 하지만 헬기를 타고 산 정상에 오르면 빠른 시간에 오를 수는 있지만, 산은 입구부터 정상까지 한 단계씩 밟아서 올라갈 때 진정한 산의 모습을 볼 수 있다. 산 중간에 있는 기암괴석의 웅장함이나 숲의 자세한 모습은 헬기를 타고 올라가면 볼 수 없다. 산의 입구부터 한 단계씩 걸어서 올라가야 볼 수 있는 것이다. 헬기를 타고 올라가면 전혀 볼 수 없는 이것이 산을 오르는 것의 진정한 매력이다.

소통하는 것도 등산하는 것과 마찬가지다. 한 단계씩 단계를 밟아야 상대의 진정한 모습을 볼 수 있고 상대에 대해 더 깊이 알 수 있게 된다. 이런 후에 상대의 이야기에 경청한다면 산을 오르면서 볼 수 있는 기암괴석의 웅장함이나 숲의 진정한 모습을 볼 수 있듯이 상대를 더 깊이 이해할 수 있게 된다. 이런 단계를 거친 후 나의 이야기를 하면 더 효과적인 소통을 할 수 있다.

이는 산을 가장 아래부터 정상까지 걸어 올라간 사람이 산에서 본 것을 말할 때가 헬기로 정상에 올라간 사람이 말할 때보다 더 실감이 나는 것과 같은 이치다. 소통도 첫 단계부터 하나씩 단계를 밟아 올라온 사람만이 상대가 진정으로 원하는 것을 알 수 있고 상대의 이야기에 경청할 수 있다.

웨이트 트레이닝을 하거나 산을 오를 때 처음부터 한 단계씩 밟아서 갈 때가 더 좋은 효과가 나오듯이 소통도 단계를 하나씩 차례로 단계를 밟아서 올라온 후에 경청하는 것이 효과적이다. 그래서 경청을 '소통으로 가는 마지막 단계'라고 하는 것이다.

| 경청을 잘하는 사람이 소통을 잘한다 |

우리가 적어도 한 번쯤은 읽었던『삼국지연의』. 여기서 보면 최종 승자는 삼국을 통일한 '사마의 중달'이다. 하지만『삼국지연의』를 보면 내용이 '유비'를 중심으로 이루어지고 있다. 여기서 한 가지 의문이 드는 것이 일반적으로 역사의 기록은 승자의 기록이다. 그런데『삼국지연의』는 승자의 기록이 아닌 것이다. 실제로 역사에서 삼국 중에 가장 먼저 멸망한 나라가 유비가 세운 '촉'나라이다. 그래서 유비는 승자가 아니라 패자이다.

그런데 왜『삼국지연의』는 '유비'를 중심으로 이야기가 전개될까? 여기에는 유비의 인간성이 바탕이 되었기 때문이다. 이 책을 읽어 보면 조조나 손권을 배신한 사람은 있어도 유비를 배신한 사람은 단 한 명도 없다는 것을 알 수 있다. 이는 유비가 죽고 나서 제갈량을 비롯한 그 어떤 신하도 쿠데타를 일으켜 정권을 잡지 않고 끝까지 능력 없는 왕인 유비의 아들 유선에게 충성했던 것에서 알 수 있다. 반면 조조의 경우는 조조가 죽고 나자 그의 아들 조비가 왕위에 올랐을 때 사마의가 쿠데타를 일으켜 나라를 뺏고 진나라를 세웠다.

그렇다면 유비의 어떤 능력이 단 한 명의 배신자도 만들지 않게 하였을까? 여기에는 '삼고초려'처럼 인재를 얻기 위해서라면 아들 뻘 되는 사람에게도 직접 찾아가서 진심으로 간청했던 그의 성품에 있다. 이는 그만큼 유비가 상대를 존중하고 있다는 것이기도 하다. 또한, 유비는 혼란의 시기 정책을 펼치거나 전투를 벌이기 전 제갈량을 비롯한 신하들의 의견을 경청하는 것을 잘했기 때문이다. 경청을 잘하는 것을 그만큼 상대에 대해 존중을 하고 있다는 것이다.

이렇게 왕인 유비가 신하들을 존중해 주는 데 그 누가 유비를 배신할 수 있었을까? 어찌 보면 배신을 안 하는 것이 당연한 일일 지도 모른다. 이를 반대로 생각해보면 유비는 그만큼 소통을 잘했던 것이다. 유비의 소통 능력이 없었다면 많은 인재가 모여들 수 없었을 뿐만 아니라 여러 명의 배신자가 생겼을 수도 있었을 것이다.

이처럼 소통을 잘하는 사람 주위에는 인재들이 몰려들게 마련이다. 그 바탕에는 상대의 이야기를 제대로 듣는 이른바 경청을 하는 능력이 뛰어났기 때문이다.

소통의 실천, 어려운 것이 아니다

처음 내가 이 글을 쓰기로 했을 때 사실은 많이 망설였다. 소통에 대한 글을 쓰기 위해 나 자신을 돌아보니 제대로 소통을 한 적이 별로 없었기 때문이다. 그래서 글을 쓰기가 너무 겁이 났다.

하지만 우연한 기회에, 본문에는 언급하지 않았지만, 소통을 어떻게 해야 하는 지에 대해서 알게 되었고 그동안 어렵게만 느꼈던 소통에 대해 조금 더 가까이 다가갈 수 있었다. 그 우연한 기회가 혜민 스님이 주최했던 '마음치유'라는 강연 프로그램이었다. 당시 인상적이었던 부분이 관계가 좋지 않았던 연인과 부부 몇 커플을 무대로 불러서 서로 화해하게 했던 것이다. 혜민 스님은 무대에 올라온 커플들에게 상대의 눈을 5분 동안 아무 말 하지 않고 쳐다보라고 했다. 5분 뒤 커플들에게 상대의 눈을 쳐다보면서 무엇을 느꼈는지 물어보았다.

무대에 올라왔던 커플들은 하나같이 상대의 눈을 보면서 그동안 상대에게 했던 행동에 대해 미안한 마음이 들고 왜 서운한 마음이 들었는지 생각해 보았다고 했다. 그리고 5분간의 대화를 통해 상대의 입장을 이해하지 못해서 미안하다고, 이제는 상대의 마음을 헤아리겠다고 말하며 마무리가 되었다. 여기서 나는 내가 평소 고민을 했던 '혜민 스님의 마음치유가 하나같이 해피 엔딩으로 끝나게 되었는지'에 대한 의문을 풀었다. 그 이유가 서로의 마음이 통했던 것이다. 서로의 마음이 통하는 것, 바로 그것이 소통의 힘이라 생각했다.

혜민 스님의 강연을 들은 후 나도 이를 실천해 보았다. 처음으로 시도했던 사람이 바로 내 부모님이었다. 내가 부모님의 눈을 보았을 때 부모님은 그동안 장남이라 부드럽게 대하지 못하고 엄하게 대했던 것에 대한 미안한 마음을 느끼는 것이 보였다. 나도 부모님에게 그동안 장남으로서 속을 많이 썩였던 것에 대해 죄송한 마음이 들었다. 그 후 대화를 통해 그동안 하지 못했던 이야기를 하고 부모와 자식 간에 더 가까워지는 계기가 되었고 부모님을 더 이해하는 계기가 되었다.

나는 가장 가까우면서도 대하기 힘든 부모님과의 관계에서 소통을 통해 가까워진 것을 확인한 뒤 다른 사람에게도 이를 적용해 보았다. 일례로 내가 자주 가는 단골 카페에 가서 계산할 때 5만 원지폐를 내는 경우 먼저 거슬러 줄 돈이 충분히 있는지 물어보았다. 이것은 어떻게 생각하면 아무것도 아닐 수 있지만, 카페 직원 입장에서는 거스름돈이 없으면 거스름돈을 다른 곳에서 구해 와야 하는 상황이 될 수 있다. 이렇게 되면 다른 손님의 주문을 받지 못하는 경우가 있고 나 때문에 일이 마비되면 서로 손해가 되는 것이다. 그것을 막기 위해 나는 거스름돈이 있는지 물어보고 없다면 카드로 계산한다. 이렇게 하면 어느 누구에게도 피해가 가지 않는 상황이 된다. 바로 이것이 소통의 힘이다. 이 이후 나는 단골 카페에 갈 때마다 직원들로부터 진심 어린 인사를 받는다. 다른 손님이 올 때는 건성으로 '반갑습니다'라고 말하는 것과는 다른.

이처럼 내가 생활 속에서 소통을 해보기로 결심하고 실천해보니 소통을 하는 것이 어려운 것이 아니고, 멀리 있는 것도 아니라는 것을 알게 되었다. 그동안 내가 가졌던 '소통은 특별한 사람들만 하고 그들만이 가지고 있는 능력'이라는 편견이 사라지게 되었다. 처음 실천을 하는 것이 어렵지, 계속하다 보면 정말 쉬운 것이 소통이다.

이 글을 맺으면서 내가 느낀 것은 소통을 실천하는 것은 멀리 있는 것이 아니다. 우리가 하는 일상생활 속에서 쉽게 할 수 있다. 처음에는 어렵지만 습관이 되면 소통하는 것도 어렵지 않다. 다들 어렵게 생각해서 첫발을 쉽게 내딛지 못하는 것이다. 그래서 소통의 첫걸음부터 한 발씩 천천히 떼어 보길 바란다.